1995.9.13.

台灣的鄉土神明

讓傳統文化立足世界舞台

——《協和台灣叢刊》發行人序

這是一種相當難得且奇特的經驗，四十歲之前，許多人常會問我的，總是一些生理與醫療方面的問題；四十歲之後，我最常思考的卻是文化方面的問題。

如此南轅北轍的改變，最主要的原因，應該是來自我的經驗法則：跟每一位成長在戰後的一代相仿，自童年長至青年，無論是家庭、學校或者是整個社會給我的壓力，只是讀書、考試，考試、讀書；而我一直也沒讓人失望，唸完醫學院後，順利負笈英國，接著又在日本拿到博士學位，先後在美國及台灣擔任過許多人欽羨的婦產科醫生，也正因此，讓我有太多機會在世界各地認識不同的友人。然而，這樣的機會卻總讓我感到自卑，這自卑並非來自專業知識，而是每每交換及不同的文化經驗時，少數識得台灣的友人，也僅知道這個海島擁有七百億的外匯存底而已。

這個殘酷的事實，逼著我不得不慎重的思考：什麼樣的文化，才足以代表台灣？

●

一九八三年間，我結束了在美的醫療工作，

回台全力投注於協和婦幼醫院的經管，由於業務的需要，常有機會到日本去，有一次在橫濱的一家古董店裡，發覺了十幾尊傳統布袋戲偶，讓我突然勾起兒時在台南勝利戲院，坐在長排椅的椅背上看內台布袋戲的情景；不久後，在大阪天理大學附設的博物館，看到那尊清乾隆年間的戲神田都元帥以及古色古香的「六角棚」戲台，還有那些皮影、傀儡、木雕、銀器、刺繡與原住民族的工藝品，讓我產生極大的感動，忍不住當場流下眼淚。

我的感動來自於那些代表先民智慧與工藝水平的器物之美；忍不住掉下的眼淚，則是因為這些製作精巧，具有歷史意義又代表傳統文化精華的東西，在這外邦受到最慎重的收藏與保護，但在當時的台灣，除了某些唯利是圖的古董商外，根本乏人理會！

除了感動，同時也讓我感受到日本文化侵略的危機，這種危機感也許可溯自大學三年級的暑假，我參加基督教醫療協會，到信義、仁愛、望洋等山地部落，從事公共衛生的醫療服務時，便深刻體會到日治時期對台灣山地的積極教育，讓日本文化、語言以及民族性都紮下不錯的根基，其深厚的程度甚至令人驚駭，只是當時的情況，個人並無力改變什麼。及至一九八○年前後，我結束學業，回到台灣後，第一件事便是找到彰化教育學院的郭惠二教授，試圖回到山地，經管一個模範村的計劃，結果模範村計劃因故流產，而那次再回山地，讓我不敢置信的是，由於電視進入山區，使得原住民族的文化幾近完全流失，少數保存下來的，卻是日治時期的文化遺產。

這是多麼可怕的文化侵略啊！難道連日本人走了，都還能予取予求地用區區的金錢，換取我們最珍貴的傳統文化？

如此糅合著感動、迷惑又驚駭的心情，讓我在東京坐立難安，隔天，便毫不考慮地到橫濱那家古董店買回店中所有的布袋戲偶，同時又透過種種關係，買回「哈哈笑」劇團最早那個被台灣古董商騙賣到日本的戲棚。

那絕不只是一時的衝動而已，我很清楚地告訴自己，只要在能力範圍之內，將盡可能地尋回這些流落在外的文化財產；這些年來，雖沒有明確的收藏計劃，但只要是有價值的東西，我都不肯放棄，至今，也才稍可談得上規模。

●

嚴格說來，我是個典型受西式教育的人，加上長年在國外的關係，讓我對藝術或者文化，都懷有較深且闊的世界觀。

最早我在英國唸書的時候，便跑遍了歐洲重要的美術館，後來每次出國，只要有機會，決不會錯過任何一個可觀的現代藝術館。

除了參觀與欣賞，我也嚐試著收藏一些美術的東西，收藏的目的，除因個人的喜好，當然也因為美好的藝術品也是不分國界的！

也許有人會認為，在這傳統與現代之間，必有無法調和的衝突之處，我又如何面對呢？其實，我從不認為這兩者之間會有相互矛盾或衝突之處，任何一種藝術品都有其共通之美，而其中蘊含的不同文化特色，正足代表那個民族的特殊之處，傳統的彩繪與現代美術作品，正是兩類截然不同的作品，正因其不同，我們才能在彩繪中，體認先民的精神與生活狀態，它的價值，除了美之外，更在於它所蘊含的特殊文化表徵。當然，時代的快速進步之下，傳統的美術、工藝與文化，面臨了難以持續的大難題，導致這個問題的因素頗多，例如政府政策的不當、教育的偏頗以及社會的畸型發展，讓戰後的台灣人擁有最好的知識教育，卻完全缺乏生活教育，終造成今天這個以金錢論成敗，從不考慮精神生活的社會型態。

過去，也有許多的專家學者，對這個病態的社會提出不少頗有見地的意見，但我一直認為，任何一個正常的社會，必要擁有正常的文化。台灣光復以來，政府當局全力追求經濟建設的成長，卻不顧文化水平一直在原地踏步，直到近幾年，有關單位似乎也較積極地從事文化建設；只是，當中共的廣東省政府，花了兩億美元整修一座五落大厝，成為一座古色古香的廣東地方博物館時，台灣的左營舊城門才剛剛被毀，半毀的麻豆林家也被拆遷，這樣的文化建設又怎能談得上什麼成績呢？

在這種種難題與僵局之下，要重振傳統文化，重新獲得現代人的肯定，甚至立足在世界的舞台上，就不能光靠政府的政策與態度，而是我們每個人都有責任付出關心與努力，用現代化的方法與現代人的觀點，提昇傳統文化的品質，再締造本土文化的光輝。

●

從開始收藏第一尊布袋戲偶起，彷彿便註定我將走上這條寂寞卻不會後悔的文化之路。

過去那麼多年前，只是默默地收藏一些珍貴的文化財產，我當然知道，光如此是不夠的，但直到今天，時機稍稍成熟，才敢進行下一步的計劃。這個計劃，大概可分為三個部份：一是成立出版社，二為創立臺原藝術文化基金會，三則創設臺原傳統戲曲文物館。

臺原出版社成立的目的有二：一是專業台灣風土叢刊的出版，這是一套持續性的計劃，計劃每年分三季出書，每季同時出版五種台灣風土文化的叢書，類別包括：民俗、戲曲、音樂、歷史、工藝、文物、雜俎、原住民族等大類，每本書都將採最精美的設計與印刷，用最通俗的筆法，喚醒正在迷茫與游離中的朋友，讓更多的朋友重新認識本土文化的可貴與迷人之處。我深信，只要持之以恆，所有努力的成績不僅將獲得關愛本土人士的肯定，更將贏得國際間的重視；二為出版基金會的專刊，臺原藝術文化基金會成立之後，將有計劃地整理台灣的傳統藝術之美，諸如戲曲之美、偶戲造型以至於建築、彩繪之美……等等。

至於基金會與博物館的創立，則是我最大的目標，這兩個計劃其實是一體的，博物館只是基金會的附屬單位，主要的功用在於展示基金會所收藏的文物與美術品；至於基金會本身，除了推廣與發展本土文化，定期舉辦各種研習營與表演、演講，更將策劃舉辦各種世界性的文物交流展，目的除了讓國人有機會打開更廣闊的視野外，更重要的是讓本土文化立足在世界的舞台上。

讓本土文化立足在世界的舞台上，不僅是臺原藝術文化基金會與出版社努力的目標，更是每個關愛本土文化人士最大的期望，不是嗎？唯有如此，才能重拾我們失落已久的自尊！

（本文獲選入《一九八九年海峽散文選》）

民間的鄉土神明信仰

——《台灣的鄉土神明》自序

台灣民間的宗教信仰，非常複雜，唯最具歷史性與最普通，而且影響最深的，莫過於「佛」、「道」兩教，它深深的左右了民間精神與思想活動。

漢民族的共有宗教信仰，其祭拜型態約可分為「敬天」、「祭祖」、「祈福」等類。台灣民間宗教信仰活動，可說始於鄭成功經營台灣時期，由於宗教信仰的自由，寺廟庵堂相繼建立，人們將祖先在故鄉供奉的神祇們，一尊尊的塑造起來，其中除了極具歷史性的佛、道兩教所供奉的神尊外，名目繁多的守護神，也相繼的建廟拜祭，因此加強了民間的祭拜活動。

當初中國移民來台，多聚鄉黨墾居營生，他們建廟供神的動機，完全屬於「消災祈福」，這足以顯示出先民披荊斬棘與瘴氣毒蛇猛獸奮鬥的艱苦犯難史實，人們需要「神」的保護，「守護神」的應運而生，實為自然的現象。

在樸實無華的舊社會裏，舊禮教的道德觀念下，人們只有向宗教信仰尋求精神的寄託，於是從天地、日月、星辰、水火、風雨、山川，乃至各行各業的神祇全被請出籠，又由於受到環境的限制，無法分別的各建寺廟，於是在一個廟宇內雜祀各類神祇，形成綜合體的供祀，這個就是台灣鄉土神明信仰活動上一個特殊現象。

在台灣民間鄉土神明信仰中，所供奉的神祇，大致可分為通俗信仰的、佛教徒的、古聖先賢的、自然界的、陰界的及地方性等數種。

通俗信仰是屬於道教性的，有玉皇大帝、玄天上帝、神農大帝、保生大帝、孚佑帝君、神農大帝、註生娘娘、玄壇元帥等。道教就是人們對災禍、病痛、死亡懼怕心理的心靈填補方術。

屬於佛教性的有釋迦牟尼、觀世音菩薩、地藏王菩薩、彌勒佛、濟公等等。佛教的真諦是教人向善，多積陰德，善修來世。

古聖先賢有倉頡、孔子、孔明、魯班、包青天、岳飛等等。他們立言、立德、立功、造福人羣、功在社稷，他們的言行為後人所崇拜。

屬於自然界的神明，有土地公、太陽、月亮、東嶽大帝、七娘媽、三宜大帝、風神、雨師、雷公、電母、大樹公、石頭公等，這是先民開拓時，知識水準較低，在艱辛困苦的情況下產生的一種企望心理。

陰曹地府方面，有賞罰分明的城隍爺、酆都大帝、閻羅王等，專司查辦人間善惡。

屬於地方性的神明，有清水祖師、開台聖王、開漳聖王、廣澤尊王、三山國王等等，都是移民的守護神，多以庇護生民、消除災難，他們都為地方性的，鄉土性的神明，對民間的影響力也很大。

台灣的鄉土神明

姜義鎮／著

目錄

輯五　陰界信仰神明／211

1／通俗信仰神明

通俗信仰是屬於道教性的，
道教是人們對於災禍、病痛，
死亡懼怕心理的心靈填補方術，
由於對神明的崇敬及依賴，
自然而然產生了心靈上的慰藉。

盤古開天闢地

開天闢地之神

盤古，又稱盤古公，盤古氏，盤古王，盤古星君，盤古萬歲，或稱渾沌氏，就是宇宙萬物的創造者，也是中國民間神話中所津津樂道的開天闢地之神，由於祂的創設天地，所以人類生命的滋生和故事，從此生生不息，源源不絕。

人類對盤古氏的傳說頗多，幾乎公認祂是創世紀的代名詞。學者專家考據古書各家傳說，也多提到盤古，有以神尊之，也有以盤古是最早出現的人，例如：

《五運歷年紀》載：「元氣鴻濛，萌芽滋始，遂分天地，肇立乾坤，啓陰感陽，分佈元氣，乃孕中和，是為人也，首生盤古。」

《路史》謂：「盤古氏又稱渾敦氏，謂天地之初，出為之治，並注今會昌有盤古山，湘鄉有盤古保，雩都有盤古祠，廣陵有盤古冢，成都、淮安、京兆均有盤古廟，湖南、湖北以十月十六日為盤古氏生日。亦云盤古氏龍首人身，盤古氏以後始有天皇氏、地皇氏、人皇氏。」

《道藏仙苑編珠》謂：「天地初成，一氣凝化而生盤古，自號元始天王，遊於上無所係，下無所根的太虛之中，石間忽生太玄玉女，天姿絕妙，號曰太元聖母，於是生天皇氏為扶桑大帝，居東極，稱東王公。又生九光玄女，號太真西王母，居西極崑崙，又稱木公金母。」

亦即該書所謂：「天皇東立，王母西旋也。」

《述異記》謂：「盤古氏，天地萬物之祖也，然則生物始於盤古。」

宇宙先覺

所以，盤古即介乎天地形成和人類出現時的先覺，而民間的傳述更多彩多姿。

傳說，宇宙尚在一片渾沌之際，有一個龍首蛇身的大神盤古，祂努力工作了一萬八千年，始終辛勤不懈的工作著，最後，盤古憑著雙手和毅力，創造了天、地，也創造了自己——人類的始祖。終於使世界變成有天、有地，有光明，不再是一片黑暗渾沌。

相傳盤古死後，更為後世者創造了無數美麗的三山五嶽和日月星辰。原來，盤古在過世後，頭化為四嶽，眼成日月，脂膏為江海，毛髮為草木。另有形容，盤古泣淚為江河，氣為風，聲為雷，雙瞳為電，大自然由是而生。

總而言之，盤古不但開創了天地，更以祂身體的每一部份創造出世界的每一部份，這種偉大的造物行為，使世人對祂懷有無上的崇仰。

中國各地都有建廟立祠供祭盤古，台灣地區也有供奉盤古的廟宇，而且有些還加祀其配偶，稱盤古媽，可見民眾對盤古的奉祀，也抱有景仰感恩的心理。

●開天闢地之神盤古公。

玉皇上帝

台灣民間的神明許多是屬於想像神，人類為要探究宇宙萬物的奧秘，便由離奇的思想形成了神話。神話便是由於實在的事物而產生之幻想故事。所以台灣民間的想像神許多來自神話。又因人的世界有皇帝，文武百官及部屬，尚且各有妻妾、僕婢等，所以古代人很容易想像神明界也有最高神，其下面有文官和武官神，且各有其部屬等。中國民間信仰所構想出來的神明界，也就是中國歷代帝國體制的再版，至高之神是玉皇上帝，在其支配下的各神明由其設官授職。

神格至尊

玉皇大帝，簡稱玉帝，俗稱天公。宇宙中一切的神明，都是在祂的統轄下，沒有天地以前，就先有了祂，天地萬物由祂而創造，祂本身永住天上，但委派諸神到世間來觀察人間的善惡，因此，祂可以說是統一神，神格至尊，一般人信奉祂為至高無上之神。

台灣民眾奉祀「玉皇大帝」是神中的至尊，或稱「玉天大帝」、「玉皇上帝」、「昊天上帝」、「天祖公」、「天帝」、「玉皇」，俗稱「上帝」、「天公」等。「玉皇大帝」居住在天上的玉京，故名之「玉皇」。不但授命人界的天子管轄民眾、還統攝天、地諸神，諸教仙佛都受其令，可謂神中之神。

敬天畏命

古人認為「天」是宇宙萬物的主宰，也是萬物生長化育的本源，所以不可不敬天畏命，順天行道。於是「天」命令天子來人間執政治民，天子必須順應天意，這樣才能風調雨順，國泰民安，否則天子違反了天道，天就會降下各種災害懲罰。

天子既然是奉「天」之命治理人世，所以天子不得不崇拜「天」，定期的「祭天」，就不但是天子必行的職責，也是國家的大典。天子敬畏「天」，庶民百官自然而然的也敬畏「天」，可是「天」是無形的、渺茫的，人又怎麼能祭祀祂呢？為此便把「天」具體神化，稱之「玉皇大帝」。因玉皇大帝是由人想像而來的神，所以原無神像，到宋真宗時，才為祂塑像，視其為自家祖先，封其為玉皇。

統領天、地、人三界

據台灣民間傳說，「玉皇上帝」不但授命於天子，統轄人間，而且也統轄儒、道、釋三教和其他諸神仙，以及自然神和人格神——即古來所謂的天神、地祇、人鬼都歸其管轄，天神就是屬於天上所有自然物的神化者，包涵日、月、星辰、風伯、雨師、司命、三官大帝、五顯大帝等，而玉皇大帝也屬天神之一，地祇就是屬於地面上所有自然物的神化者，包涵土地神、社稷神、山嶽、河海、五祀神，以及百物之神，人鬼就是歷史上的人物死後神化的，包涵先生、先公、先祖、先師、功臣，以及其他歷史人物。

抑且，玉皇上帝統領天、地、人三界神靈之外，對於天地，宇宙萬物的興衰隆替、吉凶禍福都得管，因此便有像人間那種政治組織，所以通俗又認為玉皇上帝之下，在中央行政方面，有管理學務的文昌帝君，有管理商務的關聖帝君，有管理工務的巧聖先師，有管理農務的神農先帝；在地方行政方面，有城隍爺、境主公、土地公、地基主、東嶽大帝、青山王；在司法方面，有酆都大帝和十殿閻王；總之，玉皇上帝為神中之神，所以人人都以玉皇上帝為神中的至尊。

元始天尊

玉皇大帝是道教中最高級的神明之一，他是萬物元始的至尊，故又敬稱「元始天尊」。地位僅在三清尊神之下。但在世俗的心目中，玉皇大帝却是中國最大的神祇，是眾神之王。

在《西遊記》中，玉皇上帝管轄著一切天神、地祇、人鬼。他住在天上宮闕裏，辦公衙門是金碧輝煌的靈霄寶殿，手下的武神有托塔天王、哪吒太子、巨靈神、四大天王、二十八宿、九曜星、五方揭諦等，文神有李老君、太白金星、文曲星、丘真人、許真人等。他還管轄著四海龍王、雷部諸神，以及地藏菩薩、十殿閻君等。

不過，這位至高無上的玉皇大帝却姍姍來遲，祂的出現和逐漸定型，是唐宋以後的事，但其原型出現却很早，玉帝源於上古的天帝崇拜。

殷商時期，人們稱最高神為帝，或天帝、上帝，這是一位支配天上、地下、文武仙卿的大神。周朝及後世統治者利用天帝崇拜，鼓吹「君權神授」，極力宣稱自己是天帝的兒子，故稱「天子」。

東漢後期，道教產生，道徒們便把天帝請了進來，讓祂當了神仙界的皇帝，並總管三界、十方、四生、六道。玉皇大帝成為全民（以漢族為主）崇拜的最高神。

神格化的形象

原來比較抽象、概念化的天帝，被進一步神化和人格化，道教理論家們特意編了一部《玉皇經》，記述了玉帝的一生「神跡」。說他本是極其遙遠年代的光嚴妙樂國的王子，後來捨棄了王位，在山中學道修真、輔國救民、度化羣生。經過了三千二百劫，始證金仙，當上了「清淨自然覺王如來」，又經過劫難，才當上了玉皇大帝。

玉皇大帝的塑像或畫像，一般是身穿九章法

服，頭戴十二行珠冠冕旒，有的手持玉笏，旁侍金童玉女，完全是秦漢帝王的打扮。道士們只能用世間最高貴的形象去塑造諸神之王，人間帝王也很樂於看到仙國主宰的身上有自己的影子。

由於先民的繪聲繪影，無怪台灣地區以往的

●神中至尊玉皇上帝。

一些善男信女，都認為玉皇大帝是操縱人間禍福吉凶的主宰，更確信祂也掌握人間萬物生長、保育和賞罰的大權，是一位極具威嚴的神，所以玉皇上帝的聖誕祀，更不同於一般諸神的祭典了。

因為玉皇大帝是由人們所想像而來的神，視其為自然祖先，封其玉皇。因為玉皇大帝是如此的崇高偉大，所以民間無法為祂塑造神像，而以「天公爐」象徵。如果信徒要祭拜玉皇大帝，就每天對「天公爐」焚香膜拜；另有一說：玉皇大帝是三官大帝中的「天官」，故而供奉「三界爐」上香致意。有些鄉下民家僅在庭院門前豎立一根插香竹竿，表示玉皇大帝的無影無形，每天早晚燒香祭拜。

禮拜儀式

民間認為農曆正月初九是玉皇大帝的生日，即所謂的「玉皇誕」，台灣俗稱「天公生」。是日道觀要舉行盛大的祝壽儀式，誦經禮拜。家家戶戶於此日都要望空叩拜，舉行最隆重的祭儀。

拜天公的祭典，自初九的凌晨開始，一直到天亮為止。在這一天前夕，全家人必須齋戒沐浴，以莊嚴敬畏的心情舉行祭拜，家家戶戶都在正廳前面，放置八仙桌，搭起祭壇，供桌上備神燈、五果（柑、橘、蘋果、香蕉、甘蔗）、六齋（金針、木耳、香菇、菜心、豌豆、豆腐等），並麵線塔，另設清茶三杯，還有甜粿、紅龜，到了時辰，全家整肅衣冠，按尊卑挨次上香，行三跪九叩禮拜，然後燒天公金。

農曆正月初九為玉皇上帝誕辰，那麼難道正月初一至初八就沒有天地嗎？傳說各住家的灶神監視其家人的善惡，於農曆二十四日夜晚，上天向玉皇報告，而玉皇上帝於二十五日隨著諸神巡視諸天，並決定人民來年的禍福。因此，一般人就齋戒沐浴並焚香崇拜祂。

台灣地區不少民眾，尤其是鄉村十分崇拜玉皇大帝，對玉皇大帝的普遍敬奉，反映了人們對未知世界的神往和對現實的不滿，以及對神權的敬畏和對不死的追求。

王母娘娘

瑤池金母

王母娘娘，又稱瑤池金母，或稱西王母、金母、金母元君、九靈太妙龜山金母。簡稱王母或西王母。相傳王母娘娘居住在瑤池，是以有瑤池聖母、瑤池金母等稱。根據《史記大苑傳略》記載：「西王母為古仙人，姓楊，或謂姓侯，名回，一為婉衿，居崑崙。」

王母娘娘自稱為天帝的女兒，而天帝係皇天上帝的泛稱，據《禮曲禮集》解說青帝、赤帝、黃帝、白帝都稱天帝，娘娘到底是那一位天帝的女兒，無法查考。惟娘娘生育過多，則有所據，因此王母也屬一位多產的娘娘。

在傳說中，王母娘娘曾派她的徒弟九天玄女，幫助黃帝打敗蚩尤，並且與周穆王和漢武帝都有交往的記錄。至於王母娘娘與漢武帝交往之事，出自〈漢武帝內傳〉，大概地說：七月七日，王母降，自設天廚，以玉盤盛仙桃七顆，像鵝卵般大，圓形色青，王母贈帝四顆，自食三顆，帝食後留核準備種植，王母說這種桃三千年才能結果，中國地薄，種不起來。

圖騰神

王母娘娘是知名度很高的一位神仙，因為她是尊貴的天界第一夫人——玉皇大帝的太太。人們心目中的王母雍容華貴，凝重端莊，但她的前身却是個半人半獸的怪物！

●瑤池金母王母娘娘。

王母的大名叫「西王母」，最初是中國西部的一個原始部落名。這個部落傳說是在崑崙山中，實際可能在甘肅、青海一帶。西王母部族的首領也被叫成「西王母」，這個部族崇拜虎、豹，以虎豹為部族圖騰神。於是這位西王母被神化為雖有點人模樣，但長了一嘴虎牙，蓬著頭髮，戴滿首飾，還有條豹尾巴，經常吼叫的怪物，這位半人半獸的怪物成了部族守護神，而牠到底是男是女也很難說。

神格的躍升

在戰國時的《穆天子傳》中，記有周穆王西遊見西王母的故事，這時的西王母已不是怪神，而是一位女王了。王母的寶貝，一是不死之藥，二是吃了能長生不老的仙桃（又稱蟠桃）。神話傳說中的嫦娥，就是偷吃了丈夫后羿弄來的西王母不死藥，而飛上月亮的。在〈漢武帝內傳〉中，西王母已是一身帝后打扮的絕色佳人，她上殿接見數千神仙，儼若女仙領袖。

道教推崇王母娘娘，大力抬高其出身，說她是道教第一大神元始天尊的女兒、三界十方女子登仙得道者，都是她的屬下。王母的地位一步登天，遂把原來虎齒豹尾的尊容說成是王母娘娘的白虎使者。

道教將王母娘娘列為七聖之一，據《雲笈七籤》記載：「上聖白玉龜台九靈太真西王母」。《道藏三洞經》列西王母為第四神仙，僅次於東王父，並說：「西王母者，太陰之元氣也，姓自然，字君思，下治崑崙，上治北斗」。

王母娘娘雖不是肉體凡胎，却也有七情六慾，人們安排她與玉皇大帝結為夫妻，有如人間帝后。二人還生了七位女兒，其中小女兒七仙女私自下凡，與窮小伙董永「天仙配」的故事家喻戶曉。她還有個外孫女叫織女，與牛郎七夕鵲橋相會的故事，更是婦孺皆知。這裏的王母娘娘不大招人喜歡，她和玉帝活活拆散了這兩對恩愛小夫妻，成為封建專制的代表。

王母娘娘廟遍布全國，有關王母的遺跡也不少，如王母洞、王母河、王母塘、王母瑤池等。台灣地區王母娘娘廟有一百四十餘座，主廟在花蓮縣吉安鄉，分靈全省各地都有，七月十八日為金母誕辰，香火非常盛，主要是金母娘娘對治病的靈驗。

玄天上帝

北極星神

中國古來總稱北方的斗、牛、女、虛、危、竇、壁七宿為玄武，也就是《漢書天文志》記載的「北宮玄武」，因此，玄武也是北方的神明，道家尊奉為玄武帝。

足踏龜蛇，右手執劍，左手印訣，威靈顯赫，這是道教所尊奉的「帝爺公」的形容，祂也是佛教所謂：放下屠刀，立地成佛的「開心尊者」，而自然崇拜者則尊為北極星化身的「玄天上帝」。

中國民間自古以來就有天人感應的思想，他們相信天上星宿的運轉和人類的命運息息相關，而在眾星運轉的世界中，唯有北極星永恆不動，先民就把北極星神格化，奉為北斗星君，是星辰神祇裏，最尊貴的星君。

別號繁多

由於佛、道均有所尊，玄天上帝的別號獨多。台灣祭拜的諸神當中，以「玄天上帝」的尊號最多。玄天上帝的稱號，除玄天上帝、真武大帝、真武大將軍、玄武帝、真武帝外，尚有玄天大帝、北極大帝、水長上帝、開天仙帝、開天大帝、開天炎帝、開天真帝、元武帝、真如大師、元帝、元天上帝、小上帝、北極佑聖真君、北極聖神君諸尊稱，一般則俗稱為「上帝公」、「上帝爺」或是「帝爺公」。

星宿崇拜

玄天上帝威風凜凜，八面生風，其形象為披髮黑衣、手持寶劍、足踏龜蛇，衛將執黑旗，兩旁為金童玉女，水火二將。但玄天上帝的原形却是兩隻爬蟲——龜與蛇的合體，龜蛇合體之形，則起源於遠古的星宿崇拜。

「玄天」原為「玄武」，即北方的七星，也就是說北斗星，據《禮記》所載：「前朱鳥，而後玄武」。朱鳥是指南方的七星。中國古代將天上的恆星分成二十八個星座，稱為「二十八宿」。又把二十八宿分為東西南北四組，每組七個星宿，想像成一種動物形象。根據五方配五色的說法，即成為東方青龍，南方朱雀，西方白虎，北方玄武（龜蛇）所謂「四象」。龜為「四靈」（龍、鳳、麟、龜）之一，蛇也被認為是有神性的靈物，這兩種爬蟲頗受古人青睞。北方玄武七宿遂被想像為龜蛇相纏之形。最初，玄武與青龍、朱雀、白虎，同為道教的護法神，是普通的小神。以後玄武異軍突起，逐漸成為道教大神，被說成是奉玉帝之命鎮守北方的統帥。歷代帝王封其為真君、帝君、上帝，步步高升。因為宋代皇帝避其祖趙玄朗名諱，改玄武為「真武」。宋神宗時立為玄天上帝，這就是星神的人格化。

「玄天上帝」為道教崇拜的神祇，多奉祀在北極殿，或說是北極星的人格化。因為他居住北極，這是玄天上帝也稱為「北極大帝」的由來。

玄武由星宿而變為動物神，又進而人神化以後，道教為他編出一通不尋常的神跡。道書說在黃帝時，玄武脫胎於淨樂園善勝皇后，從母親左脅生下，長而勇猛，這位王太子不願繼承王位，出走學道。得紫元君所授秘法，又遇天神授以寶劍，入武當山修鍊，四十二年功成，白日飛升，奉玉帝之命，鎮守北方，為玄天上帝。

神話傳說

民間傳說，玄武鎮守北天門，法力高強，能驅妖治病，道家極為崇信。屠宰業奉為守護神，祭祀最為虔誠。台灣民間又認為祂是保護小兒的神。因此一般家庭主婦每逢三月三日。玄天上帝誕辰那天，多數都到北極殿去為兒女祈求平安。《封神演義》却說真武大帝為通天教主的弟弟。

有關玄天上帝的傳述各有不同的說法：

《神異傳》：「真君仗劍，追天關地軸之妖，冠履俱喪，伏而收之，故塑像猙獰，冠裳不整，底下伏龜、蛇各一，龜，天之關也，蛇，地軸也。」

《圖志》：「真武為淨樂王太子，修鍊於武當山，功成飛昇，奉上帝命鎮守北天門，披髮跣足，建皂纛旗。」

《金陵志》：「真武大帝，即元武七宿也，故作龜、蛇於其下，龜、蛇者，元武象也。」

《澎湖紀略》：「北極真武元天上帝，乃北方元武之神；元武屬水，水色黑，故帝衣旗幟俱黑，即所謂元冥乘坎而司冬，稱冬帝曰黑帝是也；神為五行之一，五行之祀，載於月令，此天地之正氣也；說者謂帝北而位南，南為火，不相剋耶？不知民非水火不生活，坎離相濟，而人得以養，今南方祝融之墟多祀者，此也？」

《台灣縣志》：「真武廟，一在東安坊，一在鎮北坊，祀北極佑聖真君；邑之形勝，有安平鎮、七鯤身為北關，鹿耳門、北線尾為地軸，酷肖龜蛇；鄭氏踞台，因多建真武廟，以為此邦之鎮云。」

從上述的考據看來，一般認為玄天上帝多奉祀在北極殿，或說是北極星的人格化。是早期移民供為航海指引的保護神。其次，因為北斗注死的傳說等有關，所以屠宰業者祭祀最虔誠，也成為保護小孩的神祇。

屠夫成佛

台灣民間，屠宰業奉祀玄天上帝，更有許多神話，分別介紹於次。

一說，古時候有一位屠夫，覺悟殺生不是善

舉，乃放下屠刀，洗手不再屠宰，隱藏在深山之中修鍊；有一天，突然一位仙人來告訴他說：「這山上有一婦女在分娩，請去幫忙。」他趕忙往前，果然遇見一位婦人，手抱嬰兒，便請他代洗產後汚物，當他在河邊洗滌時，陡見河中浮現「玄天上帝」四大字，一時豁然大悟，回頭一看，已失去婦人踪影，才知道這是慈悲的「觀音佛祖」顯靈；屠夫受到感召之後，便把自己肚皮割開，取出臟腑，就這樣洗罪而死，因此至誠感動上天，死後昇天為神，謚號「玄天上帝」。又傳說「玄天上帝」破腹所棄之臟腑和大腿，在地上化為龜蛇，為害百

●北極星神玄天上帝。

姓，於是玄天上帝下凡來收回，從此以後，龜蛇也永遠忠於玄天上帝，至今民間也以「龜聖公」、「蛇聖公」從祀於北極殿。

開心尊者

一說，昔日有一位屠夫，與吃齋人（吃素人）同路參拜崑崙山觀音佛祖，過河不能渡過，吃齋人躊躇不前，屠夫則朝拜心切，不顧生死的奮勇跳進河裏，拚命划水強行渡河，終於到達彼岸。但是因為他以往殺生太多，六根不淨，不能獲許進入聖地。於是，屠夫便自己剖開肚皮，取出內臟，以表示自己的清淨和虔誠，致感天庭，將他的胃異化為龜，腸化為蛇，載著屠夫昇上天界，成為玄天上帝。又說，因為他自開肚皮以示清淨，後世又稱呼為「開心尊者」

鎮邦之神

一說，元朝末年，明太祖朱洪武起事時，藩陽湖之役，打了一次敗戰，他隻身逃到武當山，發現一座荒廢的「上帝公廟」，他立刻撥開蜘蛛網，隱藏進去，祈求「上帝公」保佑平安，禱告之後，撥開的蜘蛛網馬上就恢復原狀，終於度過難關而死裏逃生了。後來，明太祖取得天下，登基以後，為了報答神恩，把舊廟改建成新廟，神像也重新塑造，並勅討「上帝公」為「玄天上帝」，御題「北極殿」匾額一方。

明末鄭成功來台灣時，看見台南安平海岸排列得很像龜蛇蟠蚪，於是建北極殿供奉玄天上帝，所以延平郡王在台經營時，多建真武廟在南部各縣市，以為鎮邦之神，並鼓勵民間祭拜，因此台灣的廟宇，祭奉玄天上帝為主神的多達三百六十多座。

最著名且富麗堂皇的玄天上帝廟，要推南投縣民間鄉的「受天宮」，這座廟已有三百多年歷史。據說，台灣各地區的「玄天上帝」，每年援例於三月三日前後，要回到「受天宮」謁祖進香。一般玄天上帝的祭典，都在三月初三舉行，那天的大拜拜，熱鬧而隆重，足以代表善男信女對「玄天上帝」的崇敬。

天上聖母

海洋守護神

許多與海洋為鄰的國家都有海神崇拜，中國也有自己的海神娘娘，這就是天后。天后又叫媽祖，她的廟宇遍布中國沿海各地以至東南亞地區，僅台灣地區，就有媽祖廟五百餘座，各地媽祖信徒已達一億人，可見其影響之大。

「天上聖母」通稱「媽祖」。台灣民眾對於媽祖的尊崇，不僅虔誠，同時也很普遍。農曆三月二十三日，是媽祖的誕辰，在台灣是個狂歡的節日，進香祀拜，神輿遊境盛況無比。

「天上聖母」，又稱夫人、妃、天妃、聖妃、天后、媽祖、媽祖婆。又以分祀來源等不同，加以地區性等稱謂。如由中國湄州分靈者稱為「湄州媽」，由中國同安分靈者稱為「銀同媽」，由中國泉州分靈者稱「溫州媽」，另有「太平媽」、「斑鳩媽」和「船頭媽」；由於塑像顏色的不同，又有「玉面媽祖」、「金面媽祖」和「烏面媽祖」等等。

傳說，海神娘娘媽祖的前身是個漁家姑娘，她叫林默，在一千年前的北宋初年，生於福建莆田湄州嶼，她的父親林願當過巡檢之類的小官。林默出生後從來也不啼哭，所以取名「默」，長大後又叫默娘。

因為生長在海邊，林默水性極好，她常常去救助海上遇難的客商、漁民，默娘又懂些天象，她的天氣預報常常十報九準，她還知醫藥，給人看病治療。此外，還懂點占卜之術，能預知禍福。林默娘似乎是個年輕女巫之類的人物，鄉親們十分信服愛戴她，把她叫做「神女」。林姑娘到了二十多歲，還不想成家，一心救助水上難民。有一次救人時，不幸身亡，年僅二十八歲。莆田百姓修了個祠堂來紀念她，這是最早的海神廟。

此後，中國流傳很多官船和民船在海上遇險，因默娘「顯靈」保佑而得平安的故事。明代偉大的航海壯舉——鄭和下西洋，也被附會為多次得到海神林娘娘的庇護而化險為夷，圓滿成功。

以上種種神跡，朝廷聞知後十分重視，由皇帝親自褒獎並冊封神號。自宋至清，帝王們在七、八百年間對媽祖的冊封多達四十餘次，封號累計竟達五、六十字，如「輔國護聖」、「護國庇民」等。不僅民間祭祀，朝廷也派大臣禮祭，並載入國家祀典。

聖母事蹟

清代《台閩縣方志》所載天上聖母的事蹟，大同小異，惟以乾隆十七年重修的《台灣縣志》所載較為被人採信，其敘述如後：

五代末年，福建興化府莆田縣湄州嶼的都巡官，名叫林惟慤，此人平日篤信佛法，樂善好施，在鄉里中向有「林善人」的美譽。其父林孚乃福建的總督。惟慤娶妻王氏，已育有一男五女。因男孩身體非常虛弱，恐難繼承香火，期望一個健壯的後嗣，故王氏日夜焚香禱告，祈求觀音佛祖再賜一個麟兒。

傳說某夜，齋戒沐浴，向觀音佛祖祈求，居然觀音佛祖向王氏顯靈，給她一丸靈丹，她服下後遂懷胎，此為神仙懷胎，夫婦大悅。在宋建隆元年三月二十三日，王氏產下第六個女兒，名叫「九娘」，夫婦大失所望。惟因王氏生產時，林家官邸的內室，忽見萬道紅霞，自天而降，霎時滿室生香，仙樂頻傳，所以非常疼愛。到了彌月，整整一個月裏，還不曾聽到嬰兒哭過，所以林善人便命名叫「默娘」。

默娘自幼聰明絕頂，不同於其他的女孩。八歲時，入私塾讀書，能過目不忘，精通奧義，且性情慈悲。十歲，傾心於佛法，經常焚香禮佛，朝夕誦經。十三歲時，遇到一位名叫玄通的老道士，傳授「玄微秘法」給她，十六歲時，傳說一位神人向她顯現，給她銅符，默娘得此靈符，潛心研究，學得一身法術，靈通變化，驅邪救厄，常施法救護鄉人。二十一歲，在閩省一帶有旱災，歷時一年，農民慘極，縣吏請她去乞雨，她禮告蒼天，隨即降雨，於是農民獲救。二十三歲時，湄州西北地方桃花山中有怪異，就是順風耳、千里眼二鬼作亂，人民大苦，經她征討制壓後，却變成了自己的部下，為她報告千里外的海上情形。

湄州地方居民多靠海維生，默娘往往能預測天氣，向漁民示警。某次，默娘隨父兄出海，途中遇到狂風暴雨，漁船讓巨浪吞沒了，默娘不顧自己安危，奮勇泅水，終於解救父兄脫險，因此贏得了「孝女」的美名。後來又屢次救助陷於海難的鄉民，頗得鄉里的愛戴。

宋太宗雍熙四年九月八日，默娘二十八歲，她向家人說：「明天適逢重陽節，我欲獨自登山高處」。家人以為只是依俗登高觀望，所以未加攔阻。第二天，即九月九日清晨，她如往昔的焚香誦經完後，突然向母親及諸位姐姐告別說：「我今日欲往登山，而達成平素願望，因道路險隘，而且遙遠，不能與你們同行。」於是，臨別依依不捨，拜別父母，單身登上湄峯，如履平地，衣袂飄飄，眨眼之間，便鑽入雲端，遙聞仙樂驟起，笙歌嘹亮，霞光萬道，在眾多仙童玉女的簇擁下，默娘冉冉昇天去了。

媽祖昇天以後，屢顯靈威，隨時降落人間，救助世人，常有人看見一位穿朱衫的女神，乘著雲氣，遨遊島嶼間，救護眾人，如收妖、降雨、救旱等等。尤其是遭遇海難的船隻，經常在千鈞一髮之際，忽見萬道紅光飛騰海上，狂風巨浪轉眼波平如鏡，遭難的漁船終於能順利歸航。於是莆田的地方人士就在她昇天的地方，建宮廟來奉祀默娘，感念她的恩澤，並尊稱她為「通靈賢女」，靈異顯著，香火日盛。

天后封號

因為媽祖極為靈驗，又屢顯神功，自宋朝以來，中國歷代皇帝都敕賜褒封，始終不斷。宋徽宗宣和四年，賜「順濟」匾額，這是初次的朝廷褒獎。高宗紹興二十五年，封「崇福夫人」，這是最初的封號。光宗紹熙元年，封「靈惠妃」，這是稱妃之始。元世祖至元十八年，封「護國明普天妃」，是天妃之始。明永樂七年，封為「護國佑民妙靈昭應宏仁普濟天妃」，清康熙二十二年，特遣禮部致祭，並敕

●海洋守護神—媽祖。

建神祠於地址，勅文記功，隨加封「天后」，雍正四年，賜匾額「神昭海表」，十一年又賜匾額「錫福安瀾」，並下令沿海各地都建廟致祭。至乾隆二年，除改天妃為天后外，另加封「福佑羣生」四字，乾隆二十二年五月，再加封「誠孚」二字，於是全封號為「護國庇民妙靈昭應宏仁普濟福佑羣生誠孚天后」。雍正四年，封為「天上聖母」，並撥國帑，擴建廟宇，並遣使到湄州致祭。

天后宮數以千計，但稱得上天后宮之首的要算天后故里——福建莆田的湄州祖廟了。此廟創建於北宋雍熙四年，已有千年歷史，極其富麗堂皇，廟宇前臨大海，潮汐吞吐，激響回音，有「湄州潮音」之譽。農曆三月二十三日是媽祖誕辰，屆時遠近漁民都來朝拜，還有台灣的「湄州媽祖進香團」前往進香，有時多達數萬人。

湄州，是媽祖降生和昇天的地方，建廟年代比較悠久，湄州的媽祖廟，創建的時候，規模很小，編竹葦茅，非常簡陋，但是經過宋、元、明、清四代，媽祖都曾顯靈幫助各代。如在宋代一再協助官軍，平定寇亂，在元代，一再保護漕運，在明代一再保護欽差鄭和下西洋，出國宣揚國威，在清代，施琅攻台亦曾見聖母顯靈，庇佑清兵勘定台灣。

福建沿海居民深信，渡海時只要捧著媽祖的神像，就可免除一切海難，因此當他們向台灣移民時，媽祖的神像也跟著過來了。台灣地區著名的媽祖廟有好幾處，澎湖馬公的天后宮為台灣最早的媽祖廟，此外台南大天后宮，北港朝天宮，鹿港天后宮，中港慈裕宮，北投關渡宮都頗負盛名，且建廟的傳統，都頗富神話的色彩。每年媽祖誕辰，各地的媽祖廟，活動熱鬧，香火鼎盛，香客絡繹不絕，到處洋溢著肅穆的宗教氣氛。有的還要抬著媽祖神像回中國湄州「探親」，掛香一次，以表示對媽祖娘娘的崇拜和對祖宗的懷念，其盛況可稱空前。

從上所述，可以看出媽祖的懿德和神威，經廣為傳誦，已在台灣、中國沿海地區人們的心目中，建立崇高的地位，因此，對天上聖母——媽祖虔誠的敬仰，更是世代相承，信奉不渝。

太上老君

道教始祖

在中國陝西終南山北麓，有處著名的樓觀台，據傳這裏是太上老君——老子說經處。樓觀台依山帶水，風景秀麗，素有「洞天福地」之稱，為道教聖地。

樓觀台歷史悠久，遠在二千五百年前，周朝涵谷關的「門官兒」尹喜在此結草為樓，用來觀測天體，叫做「草樓觀」。據說有一天他看見紫氣東來，知道有聖人要從這裏經過。不久，果然老子西遊入關，尹喜便將老子迎入草樓，敬為上賓，並請老子寫部書，給後人留下點東西，於是老子寫了《道德經》（即《老子》）而去，無影無踪。

太上老君，或稱李老君，為道教始祖老子。又稱道德天真、太上老李君、太上道祖、或稱老君爺、無極老祖、三清道祖、無極至尊、無極聖祖等。

老子實有其人，是春秋末年著名思想家，道教創始人，姓李，名耳，字伯陽，又叫老聃，號為老子。楚國苦縣瀨鄉曲仁里人。周文王時為西伯，做過守藏室史，就是國家圖書館館長，學問很大，周武王時，遷為柱下史，昭王時，辭官歸隱，駕青牛西遊出涵谷關。

東漢末年，張道陵創立道教，為與佛教抗衡，抬出老子為祖師爺，並尊其為太上老君，奉《道德經》為主要經典。歷史上的老子，由人成神後，他的出生被大大神化了。

據說，老子的出生頗為神奇，道書上說他在遙遠的不可想像的年代裏，經過許多個八十一萬歲，托胎於玄妙玉女體內，懷孕八十一年之久，二月十五日卯時，誕生在楚國，是從他母親的左脅而生，因懷孕太久，生下來就是滿頭白髮，所以號稱「老子」。正巧生在一棵李樹下，當生下來時，他便能說話，指著頭上的李樹道：「李就是我的姓。」

神格化的崇拜

老子不僅學問淵博，見識更是博古知今，通禮樂、明道德。孔子還曾經專誠拜訪他，向他請教有關為人處世與做學問的道理。孔子聽後，非常稱讚他。

老子看到當時的人好高騖遠、造亂計謀，認為周朝即將滅亡，所以辭去官職，往西方去隱居。當他經過涵谷關時，被守將尹喜發現，留他著書，於是老子就在那裏講述道德，是為《道德經》上下兩篇，共計五十餘言。今日我們還得感謝守將尹喜，才有《道德經》這本書可讀。

老子成神以後，受到了歷代的廣泛崇拜，在唐朝則登峯造極。李家天子為抬高自己的門第，硬與李老君攀親續譜，讓一千年前的老子作了自己的老祖宗，封其為「玄元皇帝」。道教差不多成了唐朝的國教，盛極一世。

李皇帝在老子家鄉河南修了占地八百畝，規模巨大的太清宮，以祀老君，今尚存大殿，為清時重修。殿中神龕上供有丈餘老君金飾神像，兩旁為他的兩大弟子：南華真人（莊子）和無上真人（尹喜）。

因為老子是位自隱無名，而又心懷無為的人，其生平事蹟，鮮為人知，其神格化的傳說，更是很多。

神農大帝

台灣民間信仰中的神農大帝稱呼很多，又稱「五穀王」、「粟母王」、「五穀先帝」，一作「五穀仙帝」、「先帝爺」或「神農仙帝」，或稱「開天炎帝」，又因他遍嚐百草，曾對各種藥草做田野調查研究，所以又被稱為「藥王大帝」。

但民間的稱謂並不止此，尚有先農、先帝爺、藥王、藥仙、五穀仙、大帝、田祖、田主等稱，另有史可考者，神農也稱為土神，據《禮記月令》注：「土神稱神農者，以其主於稼穡。」

親嚐百草

神農大帝，即炎帝神農氏，是神話中的一個帝王。神農氏發明農業，相傳他親嚐百草，作為醫藥，他又定每日中午成立交換貨物的市，於是人類生活，才得更進一步，走向光明，因此，尊奉他為先農，也有稱他為藥王。

傳說中的神農，身長八尺七寸，牛首人身，長相十分怪異。當年其母遊華陽之常羊，有感於飛躍之祥瑞，回去時就懷孕。神農出生後，三日即能言，五月即爬行，七月長齒，三歲便知農業之事。

神農氏是古帝，生於姜水，以姜為姓，始製耒耜，教民務農，故號神農氏。以火德王，又稱炎帝，在位時，嚐百草以療疾病，初都陳，後遷魯，立一百二十年而崩，葬長沙。農民、糧食商、藥商祭祀他為掌管五穀豐穰及藥草之神，都奉他為守護神或祖師爺。

神農的性情好生惡殺，由於人民當時還不知

●神農大帝神像的手上拿著串串金黃色的稻穗。

道吃穀類，都以動物為食，神農便立志教人民開闢土地，種植五穀，使人民發現五穀之美味，勝於肉食，於是以穀類為主食，人民感念他的恩德，便稱讚他為「神農」，即「神明於農業」之意。

清朝雍正年間，詔准各地府州縣擇地設立先農壇，壇後立廟，並規定以紅底金字神牌作成先帝神位，命令地方官每年率老農致祭，而且，每年天下的第一大祭便是「祈農」之祭，也是在北平巍峨的先農壇恭行大禮，莊嚴肅穆，非常隆重。所祀先農，當為神農大帝，惟不詳始自何時，民間雕塑神像來奉祀祂。

台灣民間對神農大帝的崇敬，並不亞於中國各地，以神農大帝為主神的寺廟就有一百多座，還有許多配祀神農大帝。

手持金黃稻穗

現在各廟宇所祀神農大帝的神像，都頭角崢嶸，袒胸露臂，腰圍樹葉，赤手跣足，一見而知神農大帝，是個原始時代的人。並且塑像的表情木訥篤實，親切溫和，就像平日鄉間小路常遇的莊稼漢一樣平實，「鄉土」，沒有特別「出色」的神貌。

神農大帝神像的手上，還拿著串串金黃色的成熟稻穗，更顯示他時時不離本行的敬業精神。神農大帝有白、黑、紅三種不同的「臉色」，據說與他嚐百草有關。總之，他的功勞又多又大，所以不同的面貌，正表現出他多重的身份及功德。

每年農曆四月二十六日，是神農大帝誕辰，奉祀神農大帝的廟宇，都有隆重的祭禮，香火鼎盛，年年祭典，因為農民、藥商、醫師等，都尊奉他為保護神。但近年來，因工商業發達，這種祭典已不再被重視，香客寥落，據說連廟門平常都緊鎖著。

神農大帝無論為我們現在所崇奉或遺忘，但他真真實實是與我們血肉相連，並提供我們美好生活條件的祖先。

保生大帝

醫藥之神

台灣有一個能「起死回生」的神——保生大帝。他能把一副枯骨拼起來再賜給他生命。由於他的醫術實在太神奇，所以現在的醫師和藥商都尊奉保生大帝為保護神。台灣有許多「醫藥之神」，保生大帝是奉祀最廣的一個。

保生大帝，即民間俗稱的「大道公」，是一位道德高尚、醫術高明的神，世人將其人格轉化為神格，人人敬奉外，醫生和藥商奉祀更為虔誠。

保生大帝，又稱吳真人、吳真君、大道公、花轎公、英惠侯、真人仙師、吳公真仙等，稱呼雖然不一，都是由歷代皇帝所勅封的尊號，而被奉祀為神仙。

保生大帝，原是周代泰伯皇帝的後裔，在列國時分土金陵，建國吳縣，傳到三十一世的時候，遂以吳為姓。後來吳姓子孫繁衍，才分出一支，遷入中國福建泉州府同安縣白礁鄉，這就是後日保生大帝生長的故鄉。

保生大帝姓吳，名本，字華基，別號雲東，宋朝太平興國四年三月十五日生，父親吳通，母親黃氏，先祖世代都是勤修功德，樂善好施的人。父親平素也都是以勤儉治家，喜歡做善事，以勸人學好聞名。母親性情幽雅貞淑，增修前世功果，積德早已上達蒼穹。

民間相傳他的出生非常靈異。有一夜，他母親正在酣睡，夢見吞食一隻白龜入腹中，醒來想起吞白龜是吉祥之兆，心中暗喜，後來感覺有懷聖胎，這就是保生大帝投胎。

宋太宗太平興國四年，黃氏要分娩時，恍惚看見太白金星和南陵使者，偕同北斗星君，護送一個仙童到她房門口，說：「這是上界的紫微星，前來投胎降世的。」他們剛剛說完，忽然保生大帝降生了。這時候異香滿室、毫光燦爛，又見五老及三台魁星現身來拜賀。屋外只見上空五彩景雲朵朵覆室，紫氣滿庭，民眾個個嘖嘖稱奇，認為這是不尋常的瑞氣。當時正是農曆三月十五日辰時。

保生大帝從童年時代就很聰明，被稱為神童。大帝本來是紫微星來轉世的，生來就具有道性，所以品行性格都和常人不同，幼少的時候，身體特別高大，而且很聰慧。到了成年讀書時，博覽羣書，無論什麼書籍，凡是讀過一遍，都可以背念；不但天文地理，就是禮樂行政的書也無所不通；尤其是對岐黃醫術，他特別下功夫，潛心研究，有獨特的專長。在製藥方面，特別精製成方，達到奧妙，這就是大帝的志願是在救世濟人的緣故。

青年時代就出仕，中舉人，由朝廷授派御史，為國効勞多年。然後回到鄉里，一心研究醫術，行醫濟世，為人仁慈，多行善事。

點龍眼、醫虎喉

保生大帝在行醫救眾之餘，還著作醫書傳世，共有內外科十三冊之多，此外，他的醫德不但遍及漳、泉兩地百姓，也及於動物，所以傳說他有「點龍眼、醫虎喉」的事蹟。

相傳，大帝有一次前往山中採藥，發現一隻白額金精虎，因吃了一婦人，而一根骨頭鯁在咽喉，正在生死掙扎之際，大帝於心不忍，以符水灌入虎口，使其骨頭化水；又有一次，有一隻害了眼病的巨龍，化為人身求治，大帝識破其為非人，並以符水點於龍眼，治癒其不治的眼疾；保生大帝「點龍眼、醫虎喉」的故事，就是由此傳說而來。

生平傳說

在大帝十七歲的時候，他便去參加鄉試，並且還獲得御史這個官位。當他為官時，便遊覽了天下名山勝水，也因此認識了許多異士，學會道家的一些修煉秘訣，由是便歸隱於大雁東山的深幽處，以勤於學習太上玄機為務，為了救世濟民，還努力地煉就丹藥。

《台灣縣志》說：「保生大帝長大後，受室業醫，以活人為心，按病投藥，遠近皆以為神。」因此，民間產生了許多傳說。說：「他十七歲時，在海邊賞月，突然有一個異人，從天空飄然降下，帶他去瑤池，謁見西王母。西王母授以神方濟世和驅魔逐邪之術，並贈他一部珍貴的醫書，回家之後，便覺悟修真。」又有說：「他長大後，學道雲遊名山大川，學會了三五飛走之術，所以醫治疾病，多有奇效。」

關於大帝的生平，有許多的傳說。例如，當他四十五歲時，中國漳州發生飢荒，他預言：「十日以內，必有米到。」果然不出十天，漳州各澳，有大船載米入澳以安民心。

又有一次，漳州一帶發生瘟疫，傳染全縣，死亡相繼，他前往漳州，施醫藥，以符法驅除瘟神厲鬼。

如上所述，保生大帝不但以醫道濟世，而且有許多陰騭。因此，玉皇上帝就下旨，召他昇天。據說，大帝於宋仁宗景祐三年五月初二的午時，由於修煉成功，而身著白衣，飄然地昇上天去了。是年，大帝正五十八歲。

每一位進入供奉保生大帝廟宇的善男信女，都可以看到正殿中神桌下有一尊虎神像，好像保護著保生大帝，牠正是守護大帝的「虎爺」。也就是傳說中所說的，保生大帝「醫虎喉」後，這隻老虎終生跟隨大帝，經大帝超度成神，乃隨侍在側，為大帝守護，聽大帝差遣。

黑虎將軍

虎爺本來是一隻愛吃人的兇猛老虎，有一

天，牠囫圇吞棗似的把一個女人吃下去以後，喉嚨被這個女人頭上戴的髮針刺破，痛得不得了，只好求保生大帝醫治。保生大帝不願意救牠，還把牠罵了一頓，說牠隨便吃人，不愛惜生命。受傷的老虎被罵以後，心裏也後悔不已，不斷低頭表示懺悔，後來保生大帝看牠有痛改前非的意思，就動手為老虎拔掉髮針。從此以後，這隻老虎戒掉吃人的習慣，而且跟著保生大帝到處做好事，後人就尊稱牠為「虎爺」，又稱「黑虎將軍」。

泥馬渡康王

相傳，保生大帝雖然登及上界，但是，他的內心却依然十分地眷戀故園，因此經常監視且庇佑凡間。時常出現於人間，為國効力，或拯救世人。他時常出現幫助皇帝抵禦賊寇，或指揮神兵助戰，而得大勝。

例如，當宋高宗仍為太子，入金做為人質的時候，有一回，他乘機脫逃，走著走著，他竟來到崔子廟前，但是，因苦於沒有馬匹可騎，所以還一直擔心著自己可能難以逃脫，而又被捉了回去。這時，突然聽到馬的嘶啼聲，回頭一看，果真有一匹馬停在廟前不遠之處，趕忙地他便騎著這匹馬直往南方奔逃，這時，金兵也已經追趕來了。當高宗逃到江邊時，回頭一看，竟遙見天將神兵正在替他阻止抵禦金人，他便乘機逃過江去，安全抵達故國。不料，當他一過了江，這時才發覺他所騎的居然是匹泥馬，而暗中庇佑高宗的就是保生大帝。這就是所謂「泥馬渡康王」的故事由來。

紹興二十一年，宋高宗遂下詔命令地方官，在保生大帝的故鄉立廟，奉祀吳本，並且每一年都得按時祭祀。至孝宗登位，乾道七年御賜一個匾額，題名「慈濟靈宮」，並賜謚「大道真人」。現在一般尊稱保生大帝為「大道公」，就是基於這個緣故。

孝宗以後，代代皇帝，多有封賞。慶元初年，寧宗勅封「忠顯侯」。嘉定年間勅封「英惠侯」。寶慶三年，理宗勅封「康祐侯」，四年勅封「冲應真人」，五年勅封「妙道真君」。

●能起死回生的神——保生大帝。

又如，有一回，民間淹水，水勢甚大，洪水橫流，氾濫成災，眼看著馬上就會把民房給淹沒了。就在這個時候，人們居然看到吳本，他正騎在鶴背上，用手指著潮水，說也奇怪，潮水馬上便退了回去，而使得村莊毫無損失。於是民眾便口耳相傳，並且紛紛建蓋廟宇，以祭祀這位恩人。

事蹟顯靈

描寫吳本升天後顯靈的事蹟非常多。像是明太祖朱元璋與陳友諒大戰於鄱陽湖的時候，忽然刮起巨大的風浪，眼看著太祖和士兵即將被風浪吹翻，這時，吳本竟突然地出現在雲層之上，謹慎小心地佈置旗幟，結果，風浪果真都平緩下來，太祖則因此而平安無事，還指揮神兵助陣，而得大勝。

後來，明太祖朱元璋在南京即位之後，為了感謝吳本的救命之恩，便在洪武五年，下令敕封吳本為「昊天御史醫靈真君」。

保生大帝的醫術還不止能起死回生而已。明朝成祖永樂七年，成祖的元配孝慈皇后乳房生癰，腫痛不堪，可是天下所有的名醫都醫治不好。有一天，突然一個道士，自稱他能夠醫治皇后的乳疾。成祖聞報半信半疑，命令內侍，把他帶進坤靈宮去。問他要用什麼方法治病？他說以絲線診脈，便得判明病症。

成祖不大相信，再命內侍把他帶進皇后的鄰室，拿了一條絲線，一端紮在皇后的玉鐲，一端拿給他去診視。他用五指在絲線上一按，搖頭說：「這似金玉之類，那裏是皇后的御脈？」成祖再命內侍，把絲線的一端，縛在貓身上，請他再診一次。他再用五指在絲線上一按，又搖頭說：「這非熊非虎，好似是貓，也不是皇后的御脈？」

此刻成祖便更覺得奇異，才釋然向他道歉，命令內侍把絲線繫在皇后的乳上，請他再診。他再診後，就斷定說：「肝脈太長，血又凝滯，必為乳疾，這要用針灸，才能根治。」可是皇后又不肯把玉體給他看，於是他只得又說道：「沒關係，我只要站在屏風外邊，用絲線懸掛著針灸，這樣就可以醫治了。」

於是，成祖就以屏風遮蔽皇后玉體，請他以絲線針灸，頃刻間，乳房的腫痛立止，而不知不覺地恢復平安了。成祖大喜，為了感謝吳本的救妻之恩，便要賞賜給吳本許多的錢財和爵位，他一概不受，也不多說什麼，辭出坤靈宮外，忽然有一隻白鶴降落御苑，他騎上白鶴而去，消失得無影無踪。

其後，成祖駕崩，太子即位，亦即仁宗皇帝，秉承父命，為了追念吳本的恩德，便於洪熙元年晉封他為「恩主昊天金闕御史慈濟醫靈妙道真君萬壽無極保生大帝」，並且下旨把白礁的吳真人廟，改建為一座大宮殿，並賜龍袍一件，命令地方官，春秋二季隆重致祭。

從此之後，吳本這位「萬壽無極保生大帝」，便逐漸成為民間著名的醫神。

學甲慈濟宮

因為同安縣屬的寺廟中，白礁的保生大帝最為靈驗，同安縣人就把保生大帝奉為主神。中國福建泉州府同安縣人，昔時移往台灣，携帶他們所奉祀的保生大帝香火或分身像，便在各處建廟奉祀大帝。據統計，全台有一百四十多座的保生大帝廟，其中台南縣最多。

台南縣學甲慈濟宮是台灣地區保生大帝的開基祖廟，廟內存有八百餘年歷史的開基神像，一年四季觀光客絡繹不絕，為台南縣北門區的文化、信仰中心，廟宇規模宏大，香火鼎盛，時常有中外學者專家前來參觀。

根據廟誌記載，學甲慈濟宮創建於明永曆十五年，初建時規模簡陋，後來神靈顯赫，才在康熙四十年改建，並經數次修繕成為聞名各地的大廟。而此廟的開基神像，是由鄭成功的同安籍部屬自白礁分香而來，因此才代代相傳，每年農曆三月十一日舉行上白礁謁祖祭典。恭送保生大帝晉謁白礁祖廟，盛況空前。

在奉祀保生大帝的廟宇中，最特殊的一點，就是廟中都設有「藥籤」。因此對病人或病人的家屬來說，到保生大帝的廟宇裏來，除了可當面祈求保生大帝將病魔驅走之外，也可以求個藥方，抓藥回去配給病人吃，如此一來，則更是雙管齊下而萬無一失的辦法。

這種藥籤，大致上來說，和一般抽詩籤問吉凶的方式並沒有什麼兩樣。但是，抽藥籤之前，除了祈禱者必須先持香默禱之外，還必須將病情詳細陳述一番，讓保生大帝知道後，再在籤筒中任意地抽一籤，再擲兩個杯筊於地，若一俯一仰，則即為神明的旨意。在得到神明的旨意之後，禱祝者便可持藥籤向廟祝索取藥方，到中藥舖裏抓藥服用即可。

由於從前的人對保生大帝一向就非常崇敬及依賴，因此自然而然便產生了一種心靈上的信賴與慰藉，這種心理作用對病情有或多或少的助益。所以，保生大帝廟經數百年一直能夠香火鼎盛，並不是偶然憑空得來的！

註生娘娘

養育之神

主要的產育之神，為註生娘娘，祂的奉祀很廣，但祂們大都是「附設」在奉祀觀音、媽祖、大道公等廟的兩廡或偏殿。俗稱註生娘娘誕辰為三月二十日，婦女們多備上牲醴，上廟祭拜一番。

「不孝有三，無後為大」，這是中國人的倫理思想，所以自古以來，大家都很重視子嗣。尤其是婦女們都把生育，看做是自己的天職，對於子嗣更加重視，如婚後沒有生育子女，就去求神託佛，以期能夠盡其天職。於是「註生娘娘」就變成婦女們的信仰中心。每年農曆三月二十日，註生娘娘千秋，不論城市鄉村，婦女們都要趕往「註生娘娘」廟裏焚香致祭，即在平時也足不絕跡的要到註生娘娘廟裏許願或還願。

可是「註生娘娘」是誰？怎會把祂看做專司生育的神，而予以崇拜？不但大部分的人都不知道，就是坊間書籍，記載也不明確。

臨水夫人

●註生娘娘執掌生育之事。

台灣婦女所喜愛的神是臨水夫人，或註生娘娘。這兩尊神明可能係同一神，因為祂們都是管生育和安產的神，而註生娘娘沒有較清楚文獻可查。也有學者考證，民間有奉祀的「臨水夫人」和「註生娘娘」，並非同一尊神，但都是主司生育之神。

有人說，臨水夫人在宋淳祐年間封「崇福昭惠慈濟夫人」，明萬曆加封「天仙聖母青靈普化碧霞元君」，清咸豐改謚「順天聖母」，而「註生娘娘」的娘娘兩字，是「后妃」的稱呼，兩者在神號或尊稱有所一致，所以把臨水夫人視為註生娘娘。

《封神傳》中描述註生娘娘是「龜靈聖母」的門徒雲霄，祂以產盆練成法寶，號稱「混元金斗」，還與碧霄、瓊霄三人聯手幫助紂王抗拒周武王，陣亡後受封為「註生娘娘」，奉「玉皇上帝」金牒，專管人間入胎、出生。

有關註生娘娘的神蹟頗見神異，因此民間也曾傳有「陳靖姑收妖」的故事，所以，凡是疾病、求子、祛邪，只要祈求祂都會靈驗。

依《台灣縣志》說：「臨水夫人，神名進姑，福州人陳昌的女兒，生於唐朝大曆二年。少時秉靈通幻。嫁劉，而懷孕數月。時適逢大旱災，因脫胎祈雨而卒，年僅廿四。她臨死時說：我死後一定要做神，救人產難。果然，福建建寧府陳清叟有一個媳婦，懷孕十七個月，還不能生產，死後變神的進姑看見這情形，下手施救，產下蛇數斗，而產婦獲得平安。」

其實，所謂「臨水夫人」就是「註生娘娘」。神名叫做陳靖姑，因為祂是中國福建古田縣臨水鄉人，一般人才稱呼祂為「臨水夫人」。

《建寧府志》描寫得更具神仙味。該志說：「宋代埔城徐清叟，有一個媳婦懷孕，經過十七個月，還不能生產，家裏的人，正在憂慮，忽然有一個婦人，進門而來，自稱姓陳，專醫生產。吩咐徐清叟另找一所樓房，樓房中間，挖了一個洞，把孕婦安頓在樓上，再令僕人拿著棍子，在樓下看守。不久，孕婦生下一隻白蛇，有一丈多長，從洞中溜下樓來，僕人舉起棍子把巨蛇打死，孕婦獲得平安。徐清叟大喜，拿了很多珍貴的禮物，要贈送那個陳姓婦人，她不肯接受，只向徐清叟索取一條手帕，請他下款寫「徐清叟贈救產陳氏」等字，並說她住在福州古田縣某地，辭別跨出門口，就不見踪跡了。

不久，徐清叟調任福州，派人找尋那位姓陳的婦人，都找不到，只聽得鄉下的人說，該地有一座陳夫人廟，鄉下的婦女難產，該廟的主神，常常化做人形，去救治孕婦，徐清叟打轎到那個廟一看，看到神像掛著一條手帕，正是他贈送那個陳姓婦人的，徐清叟就修表請朝廷封贈神號。

該志又說：該地婦女都很崇信該廟主神。生產之時，都要供奉夫人的畫像，等到平安生下嬰兒，在洗兒日，才向該畫拜謝，把它焚化，可見就是這樣，昔時的人，才把陳夫人看做專司「生產」的神，而稱她為「註生娘娘」。所謂註生就是執掌「生育」的事，「娘娘」是「后妃」稱呼。

取花簪庇子

一般民間習俗，前往禮拜的婦女，無子者求

子，有子者求祂保佑。若小孩有病，還得帶上病孩。相傳如果是為求子女而祈求者，許願時若經擲筊獲得娘娘許諾，就可在註生娘娘的壇前拔取花簪，插在髮辮上，戴了回家，如此將有奇效，受祂的庇蔭。

此外，若求保佑的是病孩，向註生娘娘擲筊祈求後，可以把神前放著的小繡鞋，用紅線串了，掛在小孩的頸項，如此也可安心，將來如願以償，則第二年應添置新的花簪和繡鞋，加倍獻還，是為「還願」。

有的是從家裏準備串了紅線的「鎖牌」、「古錢」等，在註生娘娘神前拜禱一番，在祂的香案前熏炙後，當場將它套在孩子頸上或胸前，以求其「長命百歲」，這即稱為「絭絭」。凡此等經註生娘娘保佑過的孩子，在小孩年滿十六歲時，還得備紅龜粿向註生娘娘拜謝，感謝其保佑使小孩成人。

註生娘娘的信仰，普及中國各地，主司懷孕、生育，為婚後不孕及懷孕保胎之婦女奉祀的對象。註生娘娘又稱授子神，有的註生娘娘神像，左右有十二個保姆，叫做十二婆祖，又稱十二保姆或十二延女，她們各抱著一個孩子，六好六壞，以示生男育女，賢與不肖，皆憑積善積德而論。

在過去農業社會裏，每逢註生娘娘生日時，各地的婦女還會專程前往參拜，終日絡繹不絕，所以習俗戲稱「三月二十人看人」，可見昔日的盛況。

文昌帝君

功名總管

中國四川省梓潼縣的城北有座七曲山，山上有座著名的文昌宮，當地人又叫它「大廟」。文昌宮裏供奉著主管人間功名利祿的文昌帝君。

文昌宮、文昌祠和文昌閣等，過去曾遍布全國各地。這些文昌宮的「祖廟」，即前述的中國四川梓潼文昌宮，而這座文昌宮的前身是「亞子祠」，是為了紀念晉代的張亞子而修建的。

星宿人格化的神

星辰的崇拜在中國上古就已開始。台灣所崇拜的文昌帝君、玄天上帝等就是星宿人格化的神。台灣有二十餘座廟宇主祀文昌帝君，有三個廟宇合祀五文昌。五文昌即梓潼帝君、文魁夫子、朱衣星君、孚佑帝君和關聖帝君的合稱。

文昌兩字既為星名，又為神名，也就是民間慣稱文昌星、文星神。文昌帝君又稱梓潼、文昌帝、濟順王、英顯王、梓潼夫子、梓潼帝君、靈應帝君。

文昌，本是星宮名，包括六顆星，即斗魁（魁星）之上六星的總稱。古代星相家將其解釋為主大貴的吉星，道教將其尊為主宰功名祿位之神，又叫「文星」。隋唐科舉制度產生以後，文昌星尤為文人學子頂禮膜拜，有謂文昌「職司文武爵祿科舉之本」。因文昌星和梓潼帝君同被道教尊為主管功名利祿之神，所以二神逐漸合而為一。

文昌星簡稱文星，或稱文曲星，係星宿中主文運者，如杜甫詩：「北風隨爽氣，南斗避文星」。又〈東觀奏記〉，「初日官奏文昌星暗，科場當有事」。由此觀之，學子應與文星有關。

有關文昌星的說法，《星經》所載：「文昌六星如半月形，在北斗魁前，其六星各有名。」又《史記天官書》亦有：「斗魁戴匡六星，曰文昌星，一曰上將，二曰次將，三曰貴相，四曰司命，五曰司中，六曰司祿。」

梓潼帝君

至於神名的說法，則指號稱文昌神之梓潼帝君而言，據《明史》〈禮志〉梓潼帝君：「姓張，名亞子，居蜀七曲山，仕晉戰歿，人為立廟，唐宋屢封至英顯王，道家謂梓潼掌文昌府，事及人間祿籍，元加號為帝君，而天下學校亦有祠祀者。」

張亞子又叫張惡子，對母親極其孝順。在晉朝做官，不幸戰死，死後，百姓為他立了一座廟。最初，他是被當作雷神祭祀的。以後逐漸成為梓潼地方的重要神明，叫「梓潼神」。宋元道士假托梓潼神降筆作所謂《清河內傳》，說他生於周初，後來經過七十三代，西晉末降生在四川為張亞子，成為梓潼神。並說玉皇大帝命他掌管文昌府和人間祿籍。

唐代安史之亂時，唐玄宗李隆基逃往四川，傳說梓潼神在萬里橋迎接玄宗，李隆基便封其為左丞相。後來唐僖宗因避內亂亦入蜀，封梓潼神為濟順王。相傳梓潼神還幫助唐朝軍隊平息過叛亂。由於唐朝帝王的大力推崇，梓潼神的地位陡長，從一個地方神而成為全國性的大神，並逐漸與文昌神合而為一。

南宋道士假稱文昌帝君的「天啓」，作了《文昌帝君陰騭文》，這是一本托名文昌帝君勸說世人行善積德的勸善書，此書在過去十分流行，影響很大，與《太上感應篇》和托名關羽所撰《關帝覺世真經》為三大勸善真書。到了元代，仁宗皇帝封梓潼神為「輔文開化文昌司祿宏仁帝君」，簡稱「文昌帝君」。

文昌帝君，或稱梓潼帝君，或簡稱梓潼君。《台灣縣志》及《彰化縣志》謂：

「梓潼帝君，張姓，名亞子，居蜀七曲山，

●道教尊文昌帝君爲主宰功名祿位之神。

仕晉戰歿，廟在保寧府梓潼縣。唐宋屢封至英顯王。道家謂：帝君梓潼主文昌事，及人間祿籍。故無加號為帝君，天下學校，因有祠祀。」

到了明朝景泰年間，景宗皇帝在北京新建一座廟宇，每年二月初三，遣人舉行盛大的祭典。清朝年間，更加崇奉此神，嘉慶六年，仁宗皇帝也勅命禮部，把此神編入祀典。

清初台灣府學朱子祠後，有一座奎光閣，亦名文昌閣，上祀「梓潼帝君」及「魁星夫子」。這座廟是康熙三十一年創建，台廈兵備道高拱乾所建，可能是台灣最早建立的文昌廟。

農曆二月初三，是文昌帝君的誕辰。中國歷代官府通令天下學校，建廟立祠，來祭祀文昌。傳說，他是掌管學務的。

因神設校

那麼，歷代官府為什麼要通令天下學校，來奉祀這位文昌神呢？

《恆春縣志》說：「然列於祀典，即為聰明正道之神，習學業求科名者，敬之宜矣。」《彰化縣志》說得更透徹，說：「蓋以世所傳帝君之書，如陰騭文、感應篇、勸孝文、孝經解諸書，皆有裨於教化、不失聖人之旨，故學者崇拜之，使日用起居皆有敬畏，非徒志科名者，祀以求福也」。

這是昔時官府「因神設教」的一個例子，清代除各府縣學有奉祀外，各地讀書人所立書院，也各有奉祀。平時各自定期集合，為詩作文，互相砥礪，每逢佳節，即奉行「猜謎」、「登高」等活動。

文昌帝君，一般認為他是主管考試、命運，及助佑讀書人撰文之神，是讀書人、求科名者所最尊奉的神祇。其受民間的奉祀，從周朝以來，歷代都相沿制訂禮法，列入祀典。

台灣許多廟宇，也多有配祀文昌帝君。農曆二月初三文昌帝君的聖誕，昔時舉行祭典，讀書人必集合廟中，殺豬宰羊，盛大供奉祭品，隆重祭拜。

關聖帝君

關聖帝君，便是三國時代蜀漢的大將關羽，字雲長，美鬚髯，武勇絕倫，與劉備、張飛結義於桃園，即所謂桃園三結義。平定西蜀，督師荊州，曾經大破曹軍，他的忠義大節，永垂青史。

關羽生於公元一六二年，中國河東解艮州常平村寶地里人，死於公元二一九年，年五十八歲。河東是黃河以東地方，舊設河東道，解艮州在今山西省。儒教稱呼「關聖帝君」為「山西夫子」，就是「以地名人」的。

「關聖帝君」年輕時因為激於義憤，殺死一個倚勢凌人的惡霸，逃離故鄉奔走江湖，到了琢郡，和劉備、張飛二人，意氣投合，在張飛莊後的桃園結義，誓約「不求同年同月同日生，但願同年同月同日死」。三人序歲，劉備為兄，關羽居中，張飛為弟。因為劉備居長，而且是漢室的後裔，關張二人就扶他為主。

仁義禮智信五德兼備

後人稱譽關羽一生行事五德兼備：「千里尋兄曰仁，華容釋曹曰義，秉燭達旦曰禮，水淹七軍曰智，單刀赴會曰信」。因此，後世學者亦有評價關公說：「歷稽載籍，名將如雲，而絕倫超羣者，莫如雲長。」

「關聖帝君」允文允武，亦忠亦義，所以自宋而後，歷代帝王，都把他看做武人的典範，愈加封贈。蜀漢封「壯繆侯」，宋徽宗初封「忠惠公」，高宗加封「壯繆武安王」。宣和五年加封「義勇」，南宋高宗加封「壯繆義勇王」，孝宗封為「英濟王」。元文宗，加封「顯靈威勇武安英濟王」。明世宗封「義勇武安王」，至明萬曆神宗晉封為帝，稱為「三界伏魔大帝神威遠震天尊關聖帝君」。直到清代，也封贈有加，封為「忠義神武關聖大帝」；雍正元年，加封「靈佑」，康熙時封「伏魔大帝」。乾隆五十三年，加封「忠義神武靈佑關聖大帝」。道光八年，加封「威顯」二字，咸豐年間，再加封「精誠」二字，旋又加「綏靖」二字，並御書「萬世人極」匾額，同治加封「翊贊」二字，光緒加封「宣德」二字。並勅全國府縣建廟，春秋虔誠致祭。

儒釋道三教神靈

關聖帝君，即民間俗稱的「關公」、「關帝爺」，原為儒家所敬仰，逐漸成為民間信仰，軍人奉為武神，商人敬為財神，而儒家尊之為聖，佛教崇為護法，道教稱為協天大帝，主察人間善惡。

中國民間宗教自漢以來，漸漸融合儒、釋、道三教而為一的民間信仰。然而民間所信仰的神明，大多數可分出其所屬的系統，如媽祖屬於道教，孔子屬於儒教，觀音屬於佛教，神明的界限相當清楚。但是，關聖帝君卻是儒釋道三教共同的神靈。

儒教尊關公為五文昌之一，尊他為「文衡聖帝」，或稱「山西夫子」，或尊他為亞聖或亞賢說：「山東一人作春秋，山西一人看春秋」。

道教則奉關公為玉皇大帝的近侍，尊他為「翊漢天尊」，「協天大帝」或「武安尊王」。甚至又傳說關公已升任玉皇大帝。

佛教也以其忠義足可護法，並傳說他曾顯聖玉泉山，皈依佛門，因此，尊祂為「藍天古佛」、「護法伽藍」。

由上可知，關聖帝君在儒釋道三教之中，有其重要的地位，有此成就的神明，在中國民間信仰中並不太多。

台灣自古以來，最崇敬「關聖帝君」，甚至超越了儒、道、佛三教的界限。所以祂的別稱也特別多。如佛教稱關聖帝君為「護法爺」、「伽藍神」、「藍天古佛」等；道教稱之為「崇富真君」、「協天大帝」、「三界伏魔大帝」、「翊漢天尊」、「武安尊王」、「恩主公」等；儒家以史載，「山東一人作春秋，山西一人讀春秋」，而稱之為「山西夫子」，又儒教中，奉祀關聖帝君為文神者，稱為「文衡帝君」，列入五文昌之一，故有人又稱之為「關夫子」。

台灣有許多廟宇，所奉祀的主神為「恩主公」，香火鼎盛，信徒如雲，摩肩接踵，絡繹不絕。所謂「恩主」，為鸞堂的特殊用語，是「救世主」的意思。因為主持鸞堂的人，相信所奉的神明能夠拯救世人而稱為「恩主」，一般信徒「人云亦云」，也稱之為「恩主」而已。

在台灣被祀為「恩主」者，並不是僅指一神而已。如稱呼「孚佑帝君」為「呂恩主」；也有稱呼八仙之一的李鐵拐為「李恩主」；關聖帝君、孚佑帝君和司命真君三者合稱為「三聖恩主」；也有把前面三神和「孔明先師」合稱為「四聖恩主」。台灣許多廟宇所奉祀的「恩主公」，其實就是「關聖帝君」。

赤膽忠義心

台灣自從鄭成功時代起，便開始有人奉祀「關聖帝君」。現今在台南的關帝廟，就是當時延平郡王鄭成功所建造的。在《台灣府志》載有：「關公廟」在鎮北坊，鄭氏時建，明寧靖王題額曰古今一人。從此台灣各地便相繼有了關聖帝君的廟宇。由於台灣為海外蠻荒之地，當時官民皆要藉關公的威武以鎮蠻域。

從此台灣各地便相繼的有了「關聖帝君」的廟宇。明清以來，台灣為「關聖帝君」陸續興建的廟宇，約有一百四十餘所，民間對於「關聖帝君」的信仰由此可見一斑。

《台灣省通志》中記載，台灣地區奉祀關聖帝君，開始於延平郡王鄭成功，尤其對祂的忠義千秋多所褒揚，這與鄭氏當時為反清復明救國救民的心懷，別具鼓勵和啓發之意。

到了清代，由於政府的鼓勵，關聖帝君的廟宇，逐漸增建，而向南北各地擴展，廳縣的所在地，概由地方官捐俸新建。清代的台灣祠廟，被編入祠典的，有孔子廟和關帝廟。孔子廟稱為「文廟」，關帝廟稱為「武廟」，把二者看成文、武最高的典型，每年例祭，尤稱隆重。

《台灣省通志》中有一段說：「國人祀關公為武廟，以與文廟並稱，濫殤自唐代，歷宋、元、明、清而不衰……台民對關公之信仰，實以關公忠義之氣，蘊之於人心，擴而充之，以啓發其民族意識，而激動其忠愛國家之精神，蓋有足多者。」

清代所以崇祀「關聖帝君」，有其特別理由，其一是官方的鼓勵。因為康熙二十一年，康熙皇帝任用水師提督施琅，越海克服台灣，把台灣收入版圖後，台灣的住民仍然打著「反清復明」的旗幟，不斷聚眾起來反抗清室。所以當時的台灣官吏，為謀台灣住民忠於清室，以加強控制台灣的統制，就熱心推獎「關聖帝君」的「赤膽忠心」，編造種種的神話，來鼓勵台灣的住民崇奉「關聖帝君」。

結義兄弟情

另一個原因是民間的信仰。「關聖帝君」和劉、張二人桃園結義，不求同年同月同日生，只求同年同月同日而死，貴賤相忘，貧富相恤，憂樂相共，存亡相顧，這種作風，大大的感動後人，於是結拜之風，相沿成習，遂變成一大風氣。這種風氣在清代的台灣尤甚。因為當時遷來台灣的福建廣東移民，多是單身漢，而為開墾荒土，對抗異族出草豪強侵略，都需要互相團結，所以到處都有異姓的人，稱兄道弟。可見「關聖帝君」在清代社會影響如何重大。

關聖帝君誕辰，各地不一，有的以正月十三日，有的五月十三日，有的六月二十四日，還有其他的日子，官方自明代開始定每年農曆五月十三日祭祀關聖帝君誕辰，民間虔誠膜拜，香火鼎盛。因此，台南地區的關帝廟，也多以此日來祭祀。

現在台灣地區有一百四十餘座以關聖帝君為主神的廟宇，宜蘭最多，還有很多配祀關聖帝君者，目前關帝廟中香火最盛的可能是台北市「行天宮」，俗稱「恩主公廟」。除了行天宮外，應推宜蘭礁溪鄉的協天廟了。

關公在民間信仰中信徒極多，主要是關公在民間有多種職能。

商界守護神

傳說，關公年輕的時候，在家鄉從商，以販賣布匹為業。生前最擅長算數記賬，曾設簿記法，並發明日清簿。關公所用的青龍偃月刀，十分鋒「利」，與生意上求「利」同音，求之獲「利」。一般合夥做生意，以義相結的商人，因欽慕關公的信義，尊奉為守護神以期信義之道。因此民間視關公為商業界的守護神。

醫藥神

民間相信，人們所以生病或遭不幸，多起因於鬼怪魔神作祟所致。關公尊為伏魔大帝，民間多前往祈求關公驅魔治病。因此，在關帝廟常設有藥籤，關公又成為醫藥之神。

戰神

關公是曠世大將，其勇武為世所稀有，因此，歷代尊為武聖祭祀，民間亦為尚武之人的保護神。關公亦為戰神，為軍人的保護神。民間役男前往軍中服役時，亦多前往關帝廟求香火或靈符以護身。

英雄死後成為神，受到人們的敬拜，是中國民間宗教的特色。但是，古今多少英雄，能像關公一樣流傳民間，世世代代為萬民所祭祀，歷久不衰且有不斷擴展的趨勢者，並不多見。這是因為關公在民眾的心目中是一位最受崇敬與信賴的英雄神。

孚佑帝君

香火橫跨儒、道、佛三界

孚佑帝君俗稱仙公，即八仙之一呂洞賓，儒教稱孚佑帝君之外，也稱純陽夫子，道教稱妙道天尊，佛教稱文尼真佛，係菩薩之一，雜教稱呂仙祖，另外又稱純陽祖師、純陽子、仙公、呂仙公、呂祖仙師等。除一般民間信仰之外，呂祖仙師是理髮師的祀神，其誕辰是農曆四月十四日，現今他在民間擁有龐大的信徒，因為他的香火跨越儒、道、佛三界。

呂洞賓在八仙排行中雖不是「老大」，但是其影響却是其他七仙無法相匹的，漢鍾離等七仙的專廟寥寥無幾，而呂洞賓的呂祖廟、呂祖閣却成千上萬遍布各地，惹得幾位老友滿腹妒意。

呂祖廟儘管成千上萬，但名氣最大的要屬中國山西芮城的永樂宮。永樂宮原名大純陽萬壽宮，在山西芮城縣城北三公里的龍泉村東側。據道書記載，這裏是呂洞賓的誕生地。呂洞賓死後，鄉里人將其故居改為呂公祠。到了金末，隨著呂洞賓神話故事的傳流，信奉者越來越眾，祠堂增修門廡，擴充成道觀。到了元代，道教極受朝廷寵信，祖師呂洞賓也身價陡增，於是升觀為宮，從此成為四海聞名的道教聖地。

修道成仙

呂洞賓在歷史上實有其人，他是唐末、五代時期的著名道士，姓呂名嵒（或巖），號純陽子，河中府永樂（今山西永濟）人，自稱回道人。年少即熟讀經史，但考了幾次進士都不中，遂浪跡江湖，傳說在長安酒肆遇見鍾離權經過「十試」考驗，授他延命之術，金液大丹之功，因得道法，不知所往。又傳說他遇火龍真人，得到天遁劍法，他的劍術一斷煩惱，二斷色欲，三斷貪嗔，對北宋教理的發展，有一定影響。道教全真教奉其為北五祖之一，世稱「呂祖」、「純陽祖師」。

大家都知道呂洞賓是神仙，許多人却不知道他的詳細經歷，民間有許多種傳說，簡介如下：

一說，他是唐朝京兆人，姓呂名嵒，一作巖，字洞賓，號純陽子。在會昌年間，多次考不中進士，年已六十四歲。因為浪跡江湖，遇鍾離權授延命之術。初居終南山，後來再遷鶴嶺去，以「上真秘訣」全部傳授他。他既得道，也學會「天遁劍法」，歷遊江、淮、湘、潭、岳、鄂、浙各地，人所皆知，自稱回道人。世人把他列為八仙之一。元朝時封稱「純陽演政警化孚佑帝君」。

一說，他是唐朝的進士，做過官，夫妻結髮，生下二子，不幸二子相繼夭折，所以看破世塵，罷官而去。夫妻二人居住山洞裏修道，而取夫妻兩口之意，改姓為呂，取名為洞賓。四十六歲時，他的妻子遽然去世，遺下他一個人，在山洞裏，更感人生的虛無，乃一心一意，修身養性，而後成仙。玉皇大帝探知呂洞賓著有《陰符八品真經》，使人自行修道，化為神仙，救世有功，封他為昊天金闕內相「孚佑帝君」。

一說，他姓李，京兆人。傳說，在他誕生時，有一位真人（修真得道的仙人）騎鶴下降，投入帳，異香滿室，他的母親遂生下洞賓。時為貞觀十四年四月十四日。他自幼聰慧，十歲能作文章，十五歲學劍，二十歲名揚內外。咸通末年，考中進士，做過官。適逢天下大亂，即棄官，率眷到陝西永樂縣的深山洞內隱居。因該洞有兩個出入口，所以他改姓為呂，改名為洞賓。嗣後，妻亡，益發感到孤獨，而益勤奮專心修道。

叛亂平定後，他到長安，在一家酒店中，遇到漢鍾離，二人飲酒談心，深感人生榮枯無常，便入終南山修道。後來又碰到火龍真人上陽帝君，賜他寶劍，並教授他「天遁劍法」，於是變成大羅神仙。因為他誓願普渡眾生，所以五代以後，就常常顯靈出現於世上。宋朝徽宗封他為「妙道真人」，元朝初封「純陽演政警化真君」，到了武宗時代，再加封他為「孚佑帝君」。

願渡蒼生

一說，呂恩主（即呂洞賓）河中府永樂縣人，咸通年間，考中進士，在江西省九江縣的廬山遇到「火龍真人」，以「天遁劍法」傳授給他，始稱為「純陽子」，嗣後在長安一家酒店遇到一個羽士（人得道身生毛羽，係神仙），名叫鍾離權（即八仙之一）。二人意氣投合，同宿酒店。是夜，呂恩主夢見自己做了大官，前後娶了兩個妻子，生男育女，子孫昌盛，也當了十年的宰相，卻犯了重罪，財破家散，正在孤苦伶仃中，感歎人生無常，忽然醒來。那位羽士露出微笑對他說：「你在夢中，一昇一沈，變化萬態，苦樂無常，五十年如眨眼，得不足為喜，失不足為悲，要有覺悟，才能了解人生便是一場大夢。」呂恩主始知那羽士是神仙，立刻求他濟渡自己，那羽士看他志氣堅定，飄然而去。於是呂恩主棄官，一心一意修道。嗣後，那羽士屢次化為美女、金寶、虎豹、鬼怪，前來試探。恩主遇試，心意絲毫不動不亂，所以那羽士後來才來度他，同去終南山的鶴嶺修道，不久成仙。他成仙後誓大願「非度盡天下蒼生，不欲升天」，所以嗣後常常顯靈於凡間。

一說，福建省泉州府有座清源山，在危岩之下，有個洞穴，幽深而巨大。洞穴的入口，地勢頗為平坦，僅可騎馬，長驅直入洞裏。穴頂鐘乳紛垂，進洞越深，寒氣越重。洞裏的深處，有間石室，排列著石床、石桌、石凳，還有一個被燻得黑黑的石灶。因為這個洞穴，通稱純陽洞，所以也有人說：呂洞賓是福建人，在那個洞穴裏修道成仙的。

一說，呂洞賓，名叫純陽，是唐朝懿宗時代的人，考中進士，咸通年間，歷任兩縣縣官，後因僖宗無能，黃巢作亂，呂洞賓痛感人生盛衰無常，便遁入當時國都附近的終南山，修身養性。以後如何，無法可知。

關此，民間保存著很多的傳說故事，錄不勝錄。在民間傳說中，呂洞賓集「劍仙」、「酒仙」、「詩仙」和「色仙」於一身，是個放浪形骸的神仙。呂洞賓棄儒學道，仗劍雲遊，到處扶弱濟貧，鋤暴安良，他好酒貪杯，三醉岳陽樓，使他「醉」名遠揚。呂洞賓還是位詩人，有幾百首詩詞傳世。同時，他又是個有名的「花神仙」，傳說最多的是呂純陽三戲白牡丹（名妓）。以上傳聞真假混雜，很難考證清楚，但他在人們心目中，是個最有人情味的神仙。有些道觀還假托其名，配了一些「呂祖藥方」給人治病。呂洞賓在民間有廣泛的信仰，他與觀世音菩薩、關聖帝君是對社會影響最大的三位神明。

現在台灣地區主祀孚佑帝君的廟宇有五十餘座，大部分都集中在北部地區，其中最著名的是香火鼎盛的指南宮（俗稱木柵仙公廟）。至於配祀「孚佑帝君」的廟宇，為數也不少。

婆祖

所謂「不孝有三，無後為大」，中國人自古以來，傳宗接代的觀念就根深蒂固，所以「註生娘娘」的香火旺盛，乃必然的事，又昔日最高的人生願望是「財、子、壽」三全，故常把「註生娘娘、土地公、天官賜福神」並列祭祀。

以註生娘娘為主神的廟宇並不多見，但是幾乎各廟宇都以祂作附祀。註生娘娘，主司懷孕、生產，為婚後不孕及懷孕保胎的婦女奉祀的對象。所以祂又稱「授子神」。

註生娘娘之配祀

註生娘娘旁邊都配祀婆祖，又稱保姆、延女，有些稱為「鳥母」。其數目各有不同，小廟僅供奉兩尊，六尊，大廟則供奉十二尊、三十六尊。所以俗稱十二婆祖、三十六婆祖。她們各抱一個嬰兒，有好有壞，以示生男育女，賢與不肖，皆憑積善積德而論。

三十六婆祖，又稱三十六鳥母，亦是輔助生育的神，一說鳥母是依註生娘娘的旨意，賜予

●註生娘娘之配祀—婆祖。

民婦不同的孩子，有的成為商販，有的成為農人，各行各業均有。

另一說「婆祖」就是註生娘娘身邊的宮女，專門照顧小孩出生後到十六歲這段期間的成長，使他們免於驚嚇、溺斃、灼燒、出麻疹等，保佑小孩的身心正常發育。即使再頑劣調皮或笨頭笨腦的小孩，婆祖都會使他們變得聰明活潑。

九天玄女

九天玄女，又叫九天娘娘、九天玄女娘娘，或簡稱媧皇、玄女，本是中國古代神話傳說中的女神，後為道教所信奉，成為女仙中著名的一位。

所謂九天者，中央及八方也。所以九天乃四面八方的意思。換句話說，玄女就是天地間唯一的神女。

在台灣鄉土神明的傳說裏，九天玄女又稱連理媽，有大媽、二媽、三媽至九媽的九尊神像。還有一說，九天玄女即為女媧娘娘，尚待考證。

玄女顯靈

《雲笈七籤》及《九天玄女傳》記載，九天玄女為黃帝之師，聖母元君的弟子。當黃帝與蚩尤作戰時，玄女下凡來，將兵符印劍交給黃帝，並為黃帝製造夔牛鼓八十面，打敗蚩尤。

《水滸傳》中，宋江江州遇救後，又去接老父上山，不料被官兵知覺，倉皇中逃進還道村玄女廟。玄女娘娘顯靈，不僅救了宋江一命，還送他三卷天書，讓他替天行道。以後，宋江歸順了朝廷，領兵征遼時，被遼軍的「太乙混天象陣」所困，宋江夜夢中得九天玄女傳授破陣之法，即以此法大破遼軍。

玄鳥圖騰

書中的九天玄女娘娘是一位楚楚動人的女仙，但是她的原型却是一個在鳥身上長著人腦袋的怪物，這就是玄鳥。在《詩經》中，記載著玄鳥是商人始祖的說法。《史記》中也說，殷商

●九天玄女是天地間唯一女神。

的祖先是其母吃了玄鳥蛋，懷孕而生。這是商族崇拜玄鳥圖騰的反映。

這個玄鳥後來又化身為玄女，並被摻入了黃帝神話之中，成了黃帝的師父。相傳黃帝與蚩尤大戰，蚩尤呼風喚雨，吹烟噴霧，黃帝不能取勝。正在發愁之際，來了一位婦人，人首鳥形，說：「我是九天玄女，王母特派我授你戰法」。黃帝得了九天玄女傳授的戰法，遂大敗蚩尤。此時的玄女，雖尚未脫盡鳥形，但到底進了一步，成了一位救助急難，暗藏謀略的半人半禽女神。

到了宋代的《雲笈七籤》中，九天玄女則徹底人神化，完全脫掉了動物痕跡。書中專門有一篇〈九天玄女傳〉，寫她騎的是鳳凰，駕著彩雲，穿的是九色彩翠華服，是一位專門扶持應命英雄，授以天書兵法的上界女仙——玄女娘娘。

九天玄女的這一角色，大量出現在古典小說中，流傳較廣，影響較大的如宋元間編撰的《大宋宣和遺事》，明代四十四回本〈三遂平妖傳〉、清代《女仙外史》和《薛仁貴征東》等書，都有許多筆墨對九天玄女做了繪聲繪色的描摹。

賜福、賜子

有關九天玄女的傳說，因為是遠古的事，能有一鱗半爪，已經是很珍貴的了，事實上，就是這一鱗半爪的可靠性，也是很成問題的事。

九天玄女與其他娘娘合祀的時候，王母娘娘「特使」的身份已不明顯，她被人們賦予了賜福賜子的功能，雖然地位低了許多，但是在善男信女心目中却更覺親切和崇高。

台灣地區共有九天玄女廟十三座，中心廟宇為台中縣龍井鄉的朝奉宮，創建於清道光元年。九天玄女的祭典在九月九日，香燭業奉祀九天玄女為祖師。

千里眼、順風耳

媽祖配祀

媽祖年輕又未婚，關於她的終身，自然出現許多有趣的傳說：

據說，殷紂王有二個神武的兄弟將軍，兄為高明，弟為高覺，高明能夠眼觀千里，高覺能耳聽八方，所以又叫「千里眼」和「順風耳」。

當紂王和周武王作戰時，周兵亂敲金鼓，使順風耳無法聽其真，又大張旗幡，使千里眼無法窺其實，因此他們兄弟二人都犧牲了。

他們死後的妖魂，在桃花山危害人民，媽祖便前往收妖，他們二人見媽祖天生麗質，欣喜若狂，逼迫媽祖下嫁他們，但經過一場激烈的鬥法，兄弟敗在媽祖手下，從此便成為媽祖的男僕，替媽祖眼觀千里災難，耳聽四方哀告。

觀音化身

也有人因此傳說媽祖是觀音菩薩的化身，在人世普渡眾生，而千里眼就替她執行「觀」的任務，順風耳則執行「音」的任務，二者相合，正為「觀音」之意。

千里眼神像，青面獠牙，眼觀千里，專門替媽祖眼觀千里災難。順風耳神像，紅面獠牙，耳聽八方，為千里眼之弟。陪侍媽祖身旁，為她耳聽四方哀告。

●千里眼。

●順風耳。

齊天大聖

小說《西遊記》裏的「齊天大聖」孫悟空，是民間最崇拜景仰的動物神明，「齊天大聖」或稱「大聖爺」、「猴仔公」、「猴齊天」，《西遊記》描述其形「尖嘴縮腮，火眼金睛」，神通廣大，專尅妖魔鬼怪，曾護衛「玄奘法師」唐三藏往西天取經，功成圓滿之後，釋迦佛祖封祂為「鬥戰勝佛」，鎮守南天門。

民間祭祀的齊天大聖神像造形，是猴首人身，多採坐姿。頭戴金箍圈，兩眼圓突，向上或向前瞪視，嘴角由兩端往下沈。人身則穿著齊天大聖的正式袍服，與常人無異。有些手拿金箍棒，有些手握拳，威武剽悍，神氣十足。

在台灣祭祀齊天大聖的寺廟很普通，幾乎有觀音的寺廟，就有大聖為侍神。此外，有幾座廟還奉齊天大聖為主神。

●齊天大聖孫悟空。

王爺

敬天法祖

中國不但是多元信仰的民族，而且尤其重視敬天法祖，所以也對所謂的「王爺」、「義民爺」、「萬善爺」等奉祀，都帶著既敬又畏的心情，以乞求平安。

中國人敬天，對各式各樣的神明無不膜拜，中國人也法祖，對往聖先賢、列祖列宗，甚至於無嗣或不知名的先民，凡是能使精神有所寄託者，都在奉祀之列，可謂無所不拜。

百姓對王爺、義民爺、有應公等的信奉，就在這樣的心情下，加上對先民創業艱辛的追思，到處都可看到這類的廟宇，規模有些甚至只小小的一座，但照樣受信徒所敬重，絲毫不敢有所輕侮。

台灣以王爺為主神的廟宇，多達六百八十餘座，約佔全部寺廟的九分之一。

人鬼崇拜

王爺又稱千歲、千歲爺、老爺、王公、大人，或某府千歲，屬於人鬼崇拜。相傳計有三百六十五王爺，有一百三十二姓，據各方志文獻記載，台灣地方的王爺，共有九十八姓。王爺，係祀人魂魄，在台灣和中國福建，其香火鼎盛。

奉祀王爺兩尊的廟宇，叫做二王廟，神則稱為二府王爺或二府千歲，其他如三王廟、五府千歲、七王爺廟等等都是合祀者。

王爺的來歷，因無史實記載，傳說紛紜。一般認為由道士所擬傳者。台灣民間對王爺的由來，有下述幾種傳說：

其一　傳說秦始皇施行「焚書坑儒」的暴政時，曾經在咸陽一帶，一次活埋了三百六十名博學之士，後人感念這些所犧牲的學者，乃尊這些人為王爺而祭拜之。

其二　相傳在唐代有五名進士，當他們進京趕考時，途中住宿在某旅店，無意中聽到幾個瘟神在密議，某月某日將開始發動瘟疫、危害人類，方法是在井中下藥。這五名進士聽了之後，決定犧牲自己，拯救當地人民的災難，經向上天祈禱後，就各自跳進井裏淹死，因此人民都不敢喝井水，乃免除了一場瘟疫的災難。後來這五位進士昇天化神，封為王爺。

其三　唐玄宗時，張天師具有超人的神通，能知過去與未來，而且以精通咒法而聞名。玄宗為明真相，就將他招來京城考驗，為要試張天師的法術，預先將進士三百六十名匿藏於地下殿，並命令他們吹笙奏樂，然後對張天師說：「朕常以此種怪異音響而感困擾，據你所知，這是妖還是怪？」張天師回答說：「不是妖，也不是怪。」然後命張天師使用法術使其停止，張天師乃當場拔出腰間佩劍，口唸咒法作斬妖狀，結果地下音樂嘎然而止，玄宗心裏覺得奇怪，遂派遣侍臣察看，始知三百六十名進士已全部氣絕身死。玄宗為了憐憫無端喪命的三百六十名進士，以及怕他們的冤魂作祟，就各賜他們以「王爺」的封號，並且通令天下各地建廟供奉，所以三百六十個王爺才有許多姓氏，其中又以蕭姓為最多。

其四　宋朝時代，在福建有五進士，姓李、池、吳、范、朱等被奸臣陷害，死於地窖中，死後被祀為王爺。

其五　明初有三百六十名進士，聯袂坐船到北京參加殿試，不幸在參期歸途，所搭船隻在福建沿海遭遇颱風翻覆沈沒，三百六十名進士全部溺斃化作波臣，他們的靈魂徘徊人間而不能歸天，朝廷知道此事後，可憐他們就分別封這些進士為王爺，並通令各地建廟供奉。

其六　明初有三十六名進士，奉皇帝之命巡行天下，宣揚大明德威，途中渡海遇風舟覆，三十六名進士皆罹難。據傳他們遇難之後，海上出現了祥雲紫氣，並且神樂齊奏，皇帝於得知此一傳聞，內心哀悼之餘，感於成佛之說，乃下旨建造大船，賜名「王船」。船內奉三十六進士之靈位，送入大海，上有御用「遊縣吃鄉，遊府吃府」八個大字，因此，凡王船所到之處，百姓均應殺豬宰羊大事祭拜一番。

其七　明末有五進士，姓池、李、朱、刑、金，奉皇帝命到福建泉州府監考，泉州府當時正流行著疫疾，他們竭力救治民眾，後人為報答他們的救命恩德，奉祀他們為五府王爺。

其八　明末有三百六十名進士，由於不願意受滿清的統治，自盡而死，他們的靈魂昇天之後，玉皇大帝念其不貳，勅封為王爺，並且授命回到人間視察人間的善惡。他們所住的地方稱「代天府」。神明祭日時，要抬著神輿遊行，其他的神明都稱做「繞境」，唯獨王爺巡境都稱為「代天巡狩」。

綜合上面傳說，主要是說明三百六十（三十六或五）名進士（或學者）死於非命，或自願捨身救人，而死後被封為王爺、代天巡狩，為民所祀。

清代台灣之府縣志大都僅記載王爺之廟宇，而未述及祂的來歷。太平洋戰後，一般學者考據王爺的原始形態，為死於瘟疫的厲鬼，演化為瘟神。

連雅堂認為「王爺」就是鄭成功，因為鄭成功開台有功，死後民間建廟祭祀他，而當時已歸順清朝，語多避忌，所以閃爍其詞，而以「王爺」稱呼，因開府東都，代行天子事，是稱「代天府」及「代天巡狩」，後人不察覺，失其本源。

除災驅害之神

王爺是五個土頭鐵身，或木頭竹骨之神像。民間信奉為除災驅害之神，如疫災、旱災、水災等多祭祀王爺，求其保佑。還有，巫覡祀之為其祭神，每於驅邪壓煞時，則請其下降顯靈祀。此外，工人船夫等祀為守護神。王爺，據說也是乞丐的保護神，但此說尚待查考。

王爺廟裏常祀五營神將，即東營、西營、南營、北營與中營等神將，而中營神將又稱為中壇元帥（俗稱太子爺、羅車太子、大羅仙、哪吒太子）。此五營神將乃解消火災或守護廟宇之神。中壇元帥統率東西南北營之神兵及神將，以鎮壓邪鬼。素為巫覡所利用或被用作祈願除邪，又為兒童的保護神。

王爺廟裏有輦轎。為驅邪治病解災，王爺每年一次坐著輦轎巡視他的境內，並放出五營神將，以守據邊境。依照民間信仰的習慣，王爺能守境，掌管禍福吉凶，深知人心，神通廣大，威力無邊，解厄化禍，驅邪治病，最有靈驗。因之，童乩藉此作法，為民解厄消災。

送王船

王爺因與海洋文化有關，自然和媽祖近似，而兼具海神性質。因為過去瘟疫猖獗，而王爺

●台灣以王爺爲主神的廟宇多達六百八十餘座。

為惡疫之神，故又稱為「瘟王」；現在王爺已轉變其功能，多為漁民崇拜而成為海神。因此，王爺廟在台灣廟宇中為數最多，以澎湖、台南、高雄、屏東等縣海邊最密，其中以台南縣為最多，而台南縣北門鄉之南鯤鯓王爺廟（代天府）及東港東隆宮二者香火最盛。

往昔，中國福建一帶，每當瘟病流行時，居民便製造「王船」，放置神像，連同糧食、祭物等，祭祀之後，放流海上，以祭拜王爺的鬼魂，這叫做「送王船」，咸信這樣即可免除一切疾病和災難。

王船多半由中國福建沿海一帶放出，通常置三尊王爺神像於船上，並在各神像上寫上王爺名字，船上載有一切日常家具、糧食和白羊一隻，放行海上任其漂流，相傳王船所到之處都會引起瘟疫蔓延，故人們因懼怕而加以建廟供奉。後來，因巫覡的影響，王爺又從瘟神變成醫神。中國福建沿海放出的王船，常常漂流台灣西海岸，故凡其泊岸之處即在該地建廟供奉王爺，以祈禳災造福。往昔，王爺之祭祀頗盛，稱為王醮，設壇祈願息災植福，每三年一次，建王船，即俗稱所謂的「三年一醮」。

五營元帥

王爺廟配祀

王爺廟裏，必祀有五營元帥，此五營元帥是王爺的重要部屬，分掌境內五個方位，而由中營的中壇元帥，居中策應，加上各營的神兵、神將，邪魔厲鬼自然無法侵入，以解厄化災，善盡「代天巡狩」的重責。

五營元帥又稱五營將軍、五大將軍、五營大將軍、五神將軍。民間相信天罡、地煞等為天兵神將，或稱神軍神兵，統由所祭祀的主神調動指揮，這類神軍分東營、西營、南營、北營與中營等神將，各營均有元帥或將軍，中營元帥由哪吒擔任。

傳說五營元帥分別是，東營張公、西營劉公、南營蕭公、北營連公、中營李公。中營神將即中壇元帥（俗稱李哪吒、太子爺）。民間又傳說，太子爺統率東西南北中五營的神將神兵，為玉皇上帝駕前的神將。

鎮壓邪魔

這些五營神將，乃是解消火災或守護廟宇、鎮守村庄的神明。

中壇元帥統率五營的神兵及神將，以鎮壓邪魔，素為巫師所利用，或被用作祈願除惡。

王爺廟裏祭祀的五營神將，只雕刻神像頭部，插在竹子或木頭頂端，有時衣裳裹身，有時用紅布披身。

●鎮守村庄的保護神——五營元帥。

托塔天王

李府元帥

「托塔天王」，台灣民間又稱「李天王」或「李府元帥」，相傳「李府元帥」就是李靖，此說出自《西遊記》和《封神榜》。

「托塔天王」，姓李名靖，在封神榜中的托塔天王，相傳是殷周時代駐守陳塘關的總兵，他從小就拜西崑崙度厄真人為師，因此學會不少道術，學成五行遁法。但因命理太薄而無法成仙，只好在世間行道濟世。

李靖娶殷氏為妻，生有三個兒子，大兒子叫金吒，次兒子叫做木吒，而祂的夫人在懷第三個兒子時，受仙人之託夢而生下哪吒（即太子爺）。

相傳，哪吒原是玉皇上帝駕前的大羅仙，統率天兵天將，也稱為「中營神將」，受玉皇大帝之命，特降世投胎為李靖的三子，專為鎮壓人間的邪魔。

《西遊記》中描述，孫悟空大鬧天庭後，玉皇大帝很生氣，即派遣天兵天將捉拿孫悟空，其中就有李靖和哪吒自告奮勇受命前往，因此托塔天王李靖即被封為「降魔大元帥」。

護法天神

但在佛教中，托塔天王就是四大天王之一的「毗沙門天」，又名「多聞天」，在佛教中為護法的天神。托塔天王的形像有很多種，一般為身穿甲冑，手持玲瓏塔一座。

在民間信仰中，屬父子檔的神明相當罕見，而「托塔天王」，和他的三子「中壇元帥」李哪吒，正是雙雙受封為神。在台灣地區，以「托塔天王」為主神的廟宇很少。

●托塔天王—李靖。

太子爺

哪吒太子

台灣民間俗稱的「太子爺」，就是李哪吒，事實上民間有多種不同的稱呼，包括：「哪吒太子」、「中壇元帥」、「太羅仙」、「太子元帥」、「金康元帥」、「金環元帥」、「羅車太子」、「玉皇太子爺」等。道教以祂為護法主將，凡瘟疫，或欲驅邪消災，都祭拜太子爺以化難解厄。

民間鑒於哪吒太子神力高強，欽仰他的勇武，就尊稱祂為「太子爺」來祭奉，崇信者多是武人。道教更奉祂為五營神兵神將的統帥之一。凡道士施法時，必恭請哪吒相助，驅邪壓煞。

太子爺的神靈，在中國福建、廣東的民眾心裏有很大的影響力，漢人移民來台後，許多地方都建廟祭拜或在他廟寄祀，甚至民眾神壇上也祭拜。

一般太子爺的神像，是取七歲幼童的身軀面貌，身穿甲胄，右手上揚，執有寶戟，左手橫胸，執有乾坤圈，而左脚踩風火輪，全身重心皆置於後方右脚上，做騰雲駕霧狀，身纏飛帶。

太子爺香火甚盛，人們對其法力無邊，能禪祓災厄的能力，絲毫不疑。因此不僅平日香烟繚繞，若逢農曆九月九日太子爺誕，更是信士雲集，祈求平安。

●民間俗稱的「太子爺」就是李哪吒。

玄壇元帥

「玄壇元帥」，又稱「銀主公王」，台灣民間通稱「玄壇爺」，就是商朝時代的武官趙光明，所以也稱「趙玄壇」，後來因周朝嘉獎他的忠勇，死後贈給元帥謚號，又稱之為「玄壇元帥」。

日之精

「玄壇元帥」，也是道家所奉祀的神，根據書籍記載：趙光明是「日之精」，上古時候，十個太陽同時出來作祟，帝堯和后羿射下九個，都落在青城，變成了九個「鬼王」，其中

●玄壇元帥也就是盛稱爲文武財神爺的「武財神」。

八個害人，只有一個變成了人，騎著黑虎，手執銀鞭，在蜀中隱居下來，這個變成了人的，就是趙光明；後來，天師張道陵請他守護丹室，等到天師鍊丹成功後，他也分得一份。從此，他也能變化無窮，天師又請他守護玄壇，稱為「玄壇元帥」。天師昇天以後，特別向天庭保舉，封他為「天將」。

武財神

在《封神榜》裏的趙光明，却被奉為「財神爺」。據說，趙光明死後，被封為「金龍如意正一龍虎玄壇真君」，率領四位正神，送祥納福，他的四位部屬，就是招財、進寶、納珍、利市，所以被民間奉為「財神爺」。也就是盛稱為文武財神爺的「武財神」。

目前在台灣地區以「玄壇元帥」為主神的廟宇有數座。每到三月十六日的誕辰祭，民眾都來求「財神爺」賜給財富外，在正月十五夜，另有「撞玄壇爺」的行事，大用鞭炮投在遊行的「玄壇爺」神駕上，據說「玄壇爺」是厭惡寒冷的，因而要使用炮火來取暖神身呢。

法主公

呈報民間善惡

法主公，或稱張公法主、都天聖君、張聖公、張聖真君、張法主公聖君等，為中國福建永春安溪一帶居民所篤信的神明，因他的法術宏大，一般道士都祭拜。

相傳法主公為宋朝人，法主就被奉為神明，擔任懲罰下界罪人，並使善人昇天的職責，據說每月要上天二次，報告民間的善惡。他的神像，手上拿著蛇。

又據說，法主公，姓張，兄弟三人，武藝精通。聽說永春石牛洞有一條千年大蛇，能化人形，為害地方，每年需獻活人祭拜，不然，就會發生水患、風災、蟲害，民不聊生。張氏兄弟三人，不忍村民受蛇精加害，決心為民除害。於是進洞制伏大蛇，化為青煙，裊裊昇入天中，而不見他們三人從洞中跑出來，村民才明白他們三人已升為天神。蛇患從此消滅，百姓安居樂業，於是民眾建廟祭祀，尊奉為法主公。

另有一說，在同一地點，三個結義兄弟，為民除害，躍入潭中，圍攻怪蛇。當姓張的扼住

●呈報民間善惡的法主公。

蛇頭，怪蛇向他噴出一道黑煙，使他顏面變黑。姓蕭的水中拿大斧、亂砍蛇身，在怪蛇掙扎中，誤傷了姓洪的額頭。因此姓蕭的急得滿臉通紅。結果怪蛇被除，三人也化成煙升天而去。因此法主公有三尊神像，一尊黑面，一尊紅面、一尊額部有一條刀痕。

西秦王爺

戲劇神

西秦王爺與田都元帥，都是戲劇與音樂界崇敬的神明，其傳說來源固然與戲劇有關，有專祀的寺廟，而有些寺廟有從祀的情形，可見一般民間，也以聖哲英烈之神明崇奉。

關於西秦王爺，被供奉為戲劇行神，有下面的傳說故事。

西秦王爺，相傳指的是唐朝的玄宗皇帝，他在位三十年間，政治修明、昇平之時，醉心於歌舞樂曲，且在後宮建有戲台，網羅了天下藝人精英，這些人都被安置在當時稱為「梨園」所在，作曲排演，樂舞笙歌，盛極一時，後世稱戲劇界為梨園，也就是從這個時代開始，因此唐玄宗被戲劇界尊為開山祖，也當作音樂之神供奉。

天寶十四年間因安祿山造反致長安陷落，玄宗把皇位讓給太子，自己駐西蜀，由於地當西秦地方，所以民間稱他為「西秦王爺」，此後台灣民間即傳說凡是想要從事戲劇工作的人，必先信奉「西秦王爺」，才能使自己的技藝高超。

不論人們的傳說來源如何，台灣地區的地方戲劇界都供奉西秦王爺、田都元帥為樂工行神，而此二神明，在民間宗教信仰也普遍被崇奉祭祀。

●戲劇行神西秦王爺。

月下老人

婚姻之神

俗云：「千里姻緣一線牽」，凡青年男女都相信姻緣靠緣份，所謂「有緣千里來相會，無緣對面不相識」。然而情侶或配偶間的緣份，又靠誰來主宰呢？

民間因此創造出許多司掌愛情婚姻的神明，像「月下老人」、「月神」、「海神」等等。甚至於中國歷史上有名的情人卓文君和司馬相如，牛郎和織女都被視為愛神崇拜，還有到處可見的土地公也管青年男女的終身大事，當起兼差的愛神來了。

願天下有情人，都成了眷屬；
是前生註定事，莫錯過姻緣。

這是一副著名的廟聯，題於中國杭州西湖白雲庵的月下老人祠，祠中供有月下老人像。上邊的廟聯包含著一個著名的典故。

千里姻緣一線牽

「月下老人」是中國民間流傳最久，最廣的「愛神」，昔日尊稱他為「月下老公」，簡稱「月老」，是古代的婚姻之神。像說月下老人手上拿著天下男女婚姻大事的冊簿，用紅線來繫緊男女的雙足，即使是仇家異域，用此紅線一繫就終身不可解。

這位媒神的來歷也饒有趣味。相傳唐代有個叫韋固的人，是個孤兒，長大後，一次路過宋城，住進了城裏的南店。一天晚上，韋固到店外散步，見到一個奇怪老人，靠著一個布口袋坐著，在月光下翻看著一本書，像在查找什麼。韋固問他翻撿什麼？老人答道：「天下人的婚書」。韋固又問：「袋中何物？」老人說：「袋內都是紅線，用來繫住夫婦之足，雖仇敵之家，貧富懸殊，天涯海角，此繩一繫便定終身。」這就是流傳千年的俗語：「千里姻緣一線牽」的來歷。

韋固十分驚奇，忙打聽自己的婚事。月下老人翻書查看，笑著對他說：「你的未婚妻，就是店北頭賣菜的瞎老太婆的三歲女兒」。韋固一聽勃然大怒，悻悻返回店中。他馬上喊來僕人，命他暗中去刺殺這個小女孩。不料僕人做賊心虛，慌亂中沒能刺死小姑娘，只刺傷了她的眉心，韋固帶著僕人連夜逃走。

十多年後，韋固從軍，勇武異常。刺史王泰很看重他，就把女兒許配給他。姑娘長得挺漂亮，只是眉心老愛貼著一朵花，韋固問她是怎麼回事，太太就說明了原委。韋固這才知道此女正是過去所刺幼女，後來被刺史收養，視為己出。韋固見天意不可違，就死心塌地跟這位菜販小姐相親相愛，後來二人所生兒女都很有出息，子孫滿堂，幸福無比。後人還根據這個傳說故事，編成戲劇搬上了舞台。

月下老人在民間有廣泛的影響，成了媒人的代名詞，一直沿用至今。

戀愛中的男女，往往約會在花前月下，所以也把「月神」當做愛情拜禱，民間或稱「月神」為「月宮娘娘」，「月光菩薩」和「月姑」等，痴情男女常對「月光菩薩」發誓，儘管月移星轉，此情永世不變。

基於「願天下有情人都成為眷屬」的心理，台北北投的照明宮「情人廟」，廟內供奉的是卓文君、司馬相如，還有牛郎和織女，這是中國最有名的兩對情人。有些廟宇供奉「月下老人」的神像，供情侶膜拜訴願。

司命眞君

灶的守護神

在台灣人的習俗中，臘鼓頻傳，年關已近，每年的農曆十二月廿四日，均奉為送神日，尤其是送「灶神」昇天述職更是慎重與虔誠。「灶神」是家家戶戶都有的「物神」，主宰居家飲食之神。

農曆十二月廿四日，是灶神昇天述職的日子，民間風俗，家家戶戶，焚香點燭，鳴爆竹歡送灶神「出差」，到元旦清晨開大門，歡迎灶神「返任」上班。灶神為一家之主神，監督家中大小一年的德行，端坐灶上寶座，元旦日接受一家大小的牲醴祭拜，另配以茶、酒，俗稱「謝灶」。

據專家考證，司命灶君，是古時五祀之一，在《通典．殷制》裏指出：「天子祭五祀，戶一，灶二，中霤三，門四，行五也，歲編諸侯大夫與天子同。」其五祀即主出入的門、戶，主飲食的灶，主堂室的中霤，主道路的行等。周朝時又有所謂「七祀之司命」，因此灶神為司命之神中的一尊。

司命真君，又稱司命灶君、司命灶神、護宅

天尊，或九元東廚煙主、九天東廚司命灶君、灶王、司命、灶君公、灶君爺、灶老爺，通常簡稱灶神、灶君、灶王爺或張恩主等。古代農業社會裏，採行大家庭制，凡是飲食的場所，必定置灶君奉祀，祂可稱是家戶之神。

台灣祀灶的風俗，起源甚久。據文獻記載，至少在三千餘年前商、周時代就已有之，古代列為五祀之一。灶神主管人們的飲食，民以食為天，可知灶神與人民生活關係之密切。而且，中國人對吃的講究，使民間對產生美味所在的灶神相當崇拜，而灶神又主司每戶人家一年來善惡功罪的記載者，更有規範人心的功效。

司民家佑善罰惡

相傳，灶君原是天上星宿之一，因犯過被貶下界，專司民家罰惡佑善，灶君每年昇天一次，向玉皇大帝奏報，把人間的每戶人家一年來的好壞事蹟，均詳實稟報，作為上天定第二年每戶人家吉凶禍福的依據，因事關每戶人家今後一年的平安幸福與否，送神的儀式當然虔敬無比，以期灶神能「好話傳上天，壞話丟一邊」，多為人間美言幾句。

灶君由地上到天堂往返一次，要經過三十六重天，灶君每日僅能通過四重天，因此上下一次，需要九天，從十二月二十三日出發，到正月元旦返任，恰好歷時九日，這種出差時間，頗感匆促，沒有一刻的休息。在灶神出發之前歡送祂，請祂老人家上天隱惡揭善，等祂回來後，另行隆重的「謝灶」，以示洗塵之意。

灶神，顧名思義是居家的「物神」之一，但灶神也有一些傳聞。

灶神的由來傳說太多了，難以確定是誰，《周禮》說灶神是顓頊氏的兒子，名為黎，祝融，祀為灶神。而《禮記》說灶神為一老婦人。《酉陽雜俎》並說，灶神狀如美女。又有傳說，灶神是一位貴族小姐，有十六個侍女等等。

有一種傳說，灶神為玉皇大帝的第三兒子，不務正業，性情怪僻，整日遊手好閒，以專看女神為樂，諸神物議，玉皇大帝告誡不聽，於是下命令要他下界為灶神，可飽看女人。

又有傳說，灶君姓張名隗，字子郭，是黃帝

第十二代孫，長得非常英俊，狀如美女。他本來供職於天庭，為玉皇大帝所重用；因為好色成性，有違天庭清規，瑤池的王母娘娘聞知此事，就怒責玉帝不嚴，子郭知道了，就要求玉帝，賜他下凡到人間來。因為玉皇大帝一向寵慣了他，就准他所請，命他為灶神，掌司一家興旺，及監視人間善惡。這樣一來，他既可經常親近女性，又因受人間孝敬的機會特別多，在廚房裏也總有好吃的食物解饞。

另有傳說，昔日婦女每天都要用洗澡盆洗澡，從前由於沒有浴室設備，於是就在晚間燒鍋熱水，再將洗澡盆放在爐灶旁，倒入熱水就可沐浴了。灶君是一位非常好女色的神，尤其喜歡觀賞女人的裸體。當玉皇大帝任命諸神官職時，都是按照各神的才幹與興趣來分發，而灶君既然有欣賞裸體美的嗜好，於是就被任命為「司命灶君」，每天晚上可盡情欣賞裸體美。

民間故事夫賣妻

民間對灶君還流傳有三個故事。

第一個故事　相傳古時候有一對張姓夫婦，丈夫既貪又懶，好吃好玩，嗜酒喜賭錢，妻子則是賢淑勤勞，每日操勞家務，養育子女。她屢向丈夫規勸，請他戒酒戒賭，但丈夫依然如故。

某年歲暮，妻請丈夫前往岳家，岳家頗富有，岳父母因見年關在即，想讓女婿帶些錢銀交給女兒使用，但認為他平日行為不良，又不放心，就準備了一個大籃子，擺上許多年貨，在籃子底層偷放了許多銀子。丈夫素來懶散成性，路途遙遠，籃子又重，剛好在路途中遇到一個叫化子，他就把整個籃子送給叫化子，空手而歸。抵家以後，妻子見狀，大感詫異，她知道娘家一定會送些東西，就向丈夫窮詰始末，他告知經過，妻子就將他痛打一頓。

除夕日，張家債主臨門，討債頗急，張妻目睹此景，且悲且恨，心想這種男人，那有資格做丈夫、為人父？看看即將到手的年貨，錢銀都無福消受，愈想愈氣，就順手在灶內抽出燃著的薪柴猛打丈夫，丈夫猝不及防，一擊而亡。當時夜深，次日又是春節新年，她只好草草將丈夫埋葬於廚房內灶前的炕中。過了兩天，就是正月初三，再行遷葬他處。因張君生前貧窮潦倒，故稱此日為「送窮日」或稱「送窮鬼日」。

嗣後，張妻自食其力，家境漸富裕，她深信這是死鬼丈夫在暗中保庇，又念夫妻之情，就在灶前豎立亡夫靈位，每日叩拜，深表懺悔。張家的鄰居，看到張妻在灶上設有神位，所以家境愈來愈好，認為是灶君保佑之功；家家戶戶都仿照張家的方式安置神位，遂成為民間的習俗。灶神所以稱為「灶君」，是因張妻懷念灶上的「夫君」之故。

第二個故事　相傳在周成王時代，有個叫張宙的人，他父親是當地的首富。張宙長大後，花天酒地，揮金如土，他妻子勸阻不了，莫奈他何。不久，所有的家產都被他花光了，連日常生活也維持不住。有一天，張宙與妻子

●司命眞君灶王爺。

商量，想做點小生意，維持生計，無奈沒有資本，於是他就哀求他的妻子，可否賣給人家，如做生意賺了錢再贖回來。妻子無奈，只有答應，由媒人介紹，賣給一個外鄉人作妾。可是張宙生性難改，賣妻子的款項不久就花光了。從此以後，他變成了叫化子，流浪四方，以乞討度日。

張宙浪蕩飄泊，有一天來到一個鄉下地方，行至一個富豪之家乞食，誰知正是買他妻子作妾的人家。當時主人不在家，他的妻子就把他引入廚房用飯，飯未用盡，忽然僕人來報，謂主人已經返家。張宙一時情急，逃又逃不開，只好躲入灶內。主人回來之後，就要妾燒水洗澡。她知道前夫在灶內，就一再拖延，不敢生火，主人急了，就自己動手起火。張宙想從灶中出來，又恐牽連妻子，只有決心一死，以報妻子的情意。最後張宙就活活被燒死在灶內了。

張宙之妻子，自此心中大大的不忍，於是就在每天清晨起來，拜祀前夫的靈魂。主人問她何故每日清晨拜灶？她答道：我們一日三餐，都由灶上來，我所拜者，灶君公也。主人亦覺有理，也就一同祀拜。這件事流傳開來，每逢八月初三，家家戶戶都準備壽麵，祭祀灶君，說這一天是灶君生日。

第三個故事　「灶君」有阿美蓉癖，家境赤貧，但他有一個善良的妻子，每天替他張羅柴米，買鴉片烟供他吸食。有一天，他的妻子病倒了，「灶君」就向太太說：「我想讓你再嫁有錢人，可以得到很多錢，救我燃美之急。」她雖表示反對，最後終於另嫁某富翁。

「灶君」得到許多銀子，不久又花光了，他就厚著臉皮，到富翁家向她求援。她雖痛恨良人無義，又因惻隱之心，就送他一瓶豬油，裏面暗中放進許多金子銀子，好讓他作為短期間的生活費用。

不料，「灶君」得到豬油後，毒癮發作，將一瓶豬油換來一劑鴉片食用。

她看到這種情形，只好將「灶君」留在富翁家做些打雜的工作，再也不敢交東西或金錢給他。有一年年底，「灶君」因寄人籬下，悒悒不樂，終於染病而亡。到了次年元月三日，她就將丈夫屍體雜在垃圾中一齊掃出門外，稱為「送窮」，並在灶上設靈位紀念亡夫，故稱「灶君」。

這類人的靈魂成為灶君的故事，大多以丈夫賣妻，夫妻相遇，夫死於灶，以至祀為灶神為情節發展。同類故事，尚有許多變式，而流傳亦相當廣遠。這類故事都含有道德教訓，顯示賣妻者的下場和女性的美德。

至於為什麼要祭灶神，傳說，灶神的脾氣不太好，因此民間恐懼灶神生氣，就採取收買政策，極盡奉承，據俞正變的《癸巳類稿》中，說灶神就是火神，而且是一位貴族小姐，有三十六個侍女護著她，這位小姐平時愛穿淡黃色的衣服，發起脾氣來就穿大紅衣服了，她曾做過玉皇大帝的廚娘，奉令回來人間服務，所以她有一肚子的委屈，稍有不愉快就要發脾氣，因此民間怕她，便盡量奉承。

民間習俗

台灣民間流行一種送灶神的習俗，民間唯恐灶神上天述職時，向玉皇大帝說家庭的壞話，並且希望祂上天多說好話。因此，全家跪在灶神前，磕頭禱告灶神說：「上天奏好事，下地降吉祥。」

台灣地區農村於農曆年底，仍舊於灶神兩側貼「上天言好事，下界保平安」的紅紙對聯，以祈求灶神上天在玉皇大帝前美言幾句，下凡後還請保家宅平安，此風俗與大陸各地相同。

灶神是屋內諸神明中的小神，缺少座騎，所以農曆十二月二十三日午夜，除了燒香跪拜和供甜糕、甜糖、水果、湯圓、葷菜素菜等為「灶神」餞行以外，還要準備一匹乾稻草編成馬，或紙剪成的紙馬燒給灶神騎乘上天。當灶神下降回來凡間，迎神時為了歡迎灶神，家家燒香上供，焚化紙馬，這是送給灶神回來時騎用的。

灶神原為火神，後來變成為物神，灶的守護神；且成為人格化的神。原來的職責是守灶，保護一家人的飲食；後來又成為一家人日常行為的糾察神，一家人行為的好壞由祂登記，報告上天，依此決定人間當年福禍。

門神

中國人在過年時，門上要貼門神。門神的起源，缺乏正史可考，民間有各種的傳說，但可信者似乎不多。今天，台灣的一些廟門，一左一右彩繪兩位古代武將，高大孔武，撼天抖地，這就是源遠流長的兩位門神爺。

庶物崇拜

門神是中國民間最流行的神祇之一，其歷史之久，流傳之廣，種類之多，在諸神中是最突出的。

門神是人類最常見的守護神之一，屬於物神，自古便是春節期間，天子的五祀之一，以避邪祈安，後來由於許多不同的神話，讓門神人格化，而成為神仙世界的特殊人物。

門神源於古代的庶物崇拜，但無籍可考，據古籍記載，以門作為祭祀對象，始於上古少昊金天氏，為「五祀」之一。

庶物崇拜是指人工製造的器物，民間認為其上附有神靈，加以崇拜。例如橋神、路神、灶神、井公、車神、船神、床母以及門神等。

祀門掛桃

門神由於不斷的演化，種類也增加了，從性別上來分，有男也有女，從教別來看，有佛教、道教。從神所守的門來分有天門的門神、廟門的門神、以及家門的門神等，主要職司就是看家守門。

說起門神的來歷，不能不追溯到上古時期的祀門和掛桃人習俗。最早具有門神功能的，其實只是一塊桃木，古人認為桃木是「仙木」，能驅邪逐鬼，而且以桃木為劍，還可以斬妖除怪，所以一般人常在門上掛著桃木，以鎮四方想來搗蛋的妖魔鬼怪。這就是俗稱的「桃符」。

古代先民們由最初的「巢居」、「穴居」，逐漸進化到了「屋居」——學會了建造茅蓬房舍，這是人類的一大進步。屋舍不但可以遮風避雨，防止野獸和敵人的侵擾，還能存放食物財產，使人類得以生息安居。於是人們十分感激門戶造物主。早在周朝，就有了祭門的風俗，其用意與祭灶祭社（土地）相同。

門神的產生還與古人鬼魂崇拜有關，殷周尚鬼，人們將許多壞事和怪事都看成是鬼怪作祟，對此充滿恐懼心理。房門的出現，雖可防範敵害闖入，但古人還覺得缺乏安全感，需要有個能降鬼伏妖的神明，來替自家「站崗放哨」，人們必須造出一個門神來，保護自家性命和財產。「白毛女」中喜兒唱的「門神門神騎紅馬，貼在門上守住家；門神門神扛大刀，大鬼小鬼進不來」，正是這種心理的寫照。

神荼鬱壘

有個傳說，漢朝的應劭曾撰〈門神篇〉，大意是說，黃帝時代，有兄弟二人在度朔山上的一株桃樹下，把一羣惡鬼捉住了，就地審判，斥其為禍人間，當即以葦繩綑綁，拿去餵飼老虎，這兩位捉鬼的人，便是「神荼」和「鬱壘」。後來被黃帝知道了，便叫畫匠把他們兩人相貌畫在桃木板上，用以鎮魔避邪。民間於是在年末歲初，立桃枝畫二神像於門戶，這種彩筆手繪的門神像，我們現在依然可由各寺廟門扉上雄偉瑰麗的門神，窺見古代遺風。

最初的門神就是上面所說的兩個「桃人」——用桃木雕成神像，懸於門上，他們其實是兩

●黑面孔的門神代表尉遲恭。

位神將的化身，神荼和鬱壘。人們用桃木雕成二神模樣，春節時掛於門上，使惡鬼不得擅入，保護闔家一年平安，雕桃人比較麻煩，逐漸簡化為用桃板一左一右釘在門上，上面畫二神圖像或乾脆寫上二人大名或畫些符咒，此即「桃符」，開後世楹聯（對聯）的先河。

到了漢代，就出現了另一門神——勇士成慶。《漢書》：「其殿門成慶畫，短衣、大袴、長劍……」，另外一說是荊軻初名慶鄉，係戰國時候孔武有力的傑出人士，漢人用以作為門神，亦象徵保衛家戶之意。

到了唐朝，門神又有了改變。唐代以後，出現得最著名的武將門神，當首推秦瓊、尉遲恭。秦、尉選為唐初著名武將，幫助李世民打下了李唐天下，是唐朝開國元勳，他們二人如何成為門神呢？

據《三教源流搜神大全》和《歷代神仙通鑑》稱：世民早年創立江山，殺人無數。可能受良心責備，他即位後身體不豫，夜夢常有惡鬼相糾，幾無寧日，太宗畏懼，便指令當時的大將秦瓊和尉遲恭夜晚戎裝守衛宮門兩旁，果然相安無事。太宗大喜過望。但念二人勞累，不能長期叫他們站崗守護，故命畫工繪二人介胄執鞭，怒目發威之像，懸於宮門兩側。此後，邪祟全消，後世沿襲，遂永為門神。

可是，貼在大門上的兩幅像，並不似傳說中持斧的尉遲恭和拿鐧的秦瓊那般威武，他倆武器一樣，或許是畫匠為了使左右對稱而畫成神荼、鬱壘相彷彿。只是把面孔改變，一個黑臉代表尉遲恭，而白臉的代表秦瓊罷了。

鍾馗鎮祛邪魅

在唐朝，除了秦瓊和尉遲恭兩位門神外，還有落第秀才鍾馗也做過門神。他是一位專門斬鬼吃鬼的門神，赫赫有名。宋人據筆記說：「唐玄宗夢中見一文士，戴帽、穿藍袍、袒二臂、鞹雙足，自稱是『武舉不捷之士，誓與陛下除天下妖孽……。』醒而命吳道士圖之，且批示天下於歲暮圖鍾馗以祛妖邪，不知何時移至端午來驅鬼消災……。」

另一傳說，是講鍾馗不但能捉鬼，還能吃鬼。有關鍾馗吃鬼的一段故事是這樣的：某年終南山有舉子，因家鄉歲歉赴京趕考，歸途中搭船遇雨，舟中百無聊賴，與同船另一旅客共飲解悶。窺其襟中懷有一小瓶，問瓶裝何物，告為瘟神。緣有某地百姓作惡，應遭天譴，特奉旨前往該地散災。並說，只要將瘟水一滴入水中，則此一地方的人物均會罹疫死亡。鍾馗是個悲天憫人的文士，聽罷，頓起惻隱之心，便出其不意地把那瘟水奪到手裏，一口氣把它喝下肚，霎時七孔冒出鮮血而死亡。

故事到此為止，這是說當時的那位不捷之士——鍾馗，犧牲自己而救活了無數人們的性命，實等於吞食了許多害人魔鬼一樣。鍾馗的故事盛於唐，而擴展到元。元朝以後的畫像，不但長上了毛茸茸的鬍子，而且是坐著籐轎由「醜狀千百態」的小鬼們抬著他。元朝流傳的畫法，不僅把鍾馗形容成一個鎮祛邪魅的靈鬼，幾乎變成執掌死後裁判的閻羅王。

鍾馗因曾為唐玄宗捉鬼，所以民間家裏有病人的，常將鍾馗像掛在病人房間裏，希望他能為病人驅「病鬼」。據說鍾馗在民間捉鬼時，還有「含寃」和「負屈」二位小鬼作為助手，並有蝙蝠作他的先驅前導。

避邪祈福

宋朝的門神，可能用神荼鬱壘與秦瓊尉遲恭兩種。此外，赤貧人家買不起門神時，為恐有瀆神祇，在除夕晚上用一把掃帚和一根黑炭棒分別頂在兩扇門扉後邊，代表黑臉和白面兩個門神。

在元朝時，除了上面所說的門神外，還有一個突出的女性門神，那就是山東穆寨的穆桂英。她曾一度做過大門上的偶像衛護黎民。當然，充當門神的必須威嚴英勇，她就具備了這種條件，當時是否含有提高女權意識在內，就無從得知了。用她當門神的時間可能很短，所以被人們忽略了。

到了清代，張天師也權充過門神，它的畫像是：上為符籙，下面張天師持劍跨虎。按虎為百獸王，用作門神亦為鎮鬼袪邪與招神消災之意。

唐代以後，出現以歷史上的著名武將為崇拜對象的門神。門神如果頭頂盔甲，全副武裝，八成就是秦瓊與尉遲恭。如果右手執筆，左手握劍，瞪目張口，怒髮衝冠則必是鍾馗。他們幾人本來面貌絕醜，但透過民間予以藝術化，成為避邪祈福的版畫。武將們雖也是神，但與神荼、鬱壘、鍾馗等相較，「神」味少了，而多了些「人」味兒。

二門神像通常是貼在臨街大門上，威猛雄糾，堪可鎮伏鬼魅，除秦瓊、尉遲恭以外，武將門神尚有超云、馬超、薛仁貴、蓋蘇文、孫臏、龐涓、黃三太、楊香武、燃燈道人、趙公明、馬武、姚期、蕭何、韓信，乃至哼哈二將等。

以後，只有驅鬼鎮妖一種功能的武將門神，已不能滿足人們的各種需要，於是又出現了文官門神和祈福門神。後者寄託了人們祈望升官發財，福壽延年的願望和心態。

文官門神都與升官發財有關，而祈福門神却與多子多福、福壽延年掛鈎。二者有時也配雙成對，如天官（或狀元）門神，常與送子娘娘匹配，此外，還有喜神、和合二仙、劉海、招財童子等。

●白面孔的門神代表秦瓊。

祈福門神上常常添畫一些吉祥物，取其吉利，多用諧音，以借雙關之意，如爵、鹿、蝠、喜、馬、寶、瓶、鞍等，寓「爵祿福喜，馬報平安」。

寺廟的門神，除了神荼鬱壘，秦瓊尉遲恭之外，尚有各種不同的門神，往往與主神有關。一般佛寺的門神常畫韋馱和伽藍，也有畫四大天王；媽祖廟有以千里眼與順風耳為門神，城隍廟、東嶽廟等陰廟以七爺、八爺為門神，文昌祠以加冠、晉祿的文官為門神。

招神納祥

門神是中國古老的神明，原為庶物神，後來人格化，能避邪驅魔的將軍來擔任門神，以後逐漸演化，愈來愈多，有文、有武、有男、有女，還有與各種廟宇主神有關的屬神也成了門神，連宮女、太監等也成了門神，在民宅，門神也從避邪驅魔發展到招福納祥。

從前貼門神的版畫或將門神刻繪在門上，純粹是為了避邪驅魔，現在似乎漸漸地強調了祈求吉福的目的，而容貌怪異恐怖的門神，也快被充滿喜氣的「天官賜福」、「五路財神」所取代。每年歲末新春時，家家戶戶門上所貼的門神，也添加了許多吉祥的裝飾品，而成為中國非常特殊的一項人物造形藝術。

門戶保護神

門神是古代五祀之一，祭祀是由天子、諸侯、大夫來祭，有一定的時間，一般是在秋天。台灣的門神，已成了門戶守護神，沒有專門的廟宇，也無特定的祭日。一般而言，廟宇、宮廷的門才繪有門神像，一般民宅和房舍，都是抽象的，僅於門旁設置插香處，每天早晚祭祀神明及祖先時，都順便祭拜門神。門神的崇拜，主要意義在拜謝門對家守護之功，感謝門神庇佑一家人平安和興旺。

如此，門神已成為具有驅邪魔、衛家宅、保平安、助功利、降吉祥等多種功能的保護神，成為民間諸神中最受羣眾歡迎的俗神之一，至今興盛不衰。

財神

人間最歡迎的神

追求財富是人類共同的願望，尤其在貧窮的民間社會，在我們這樣的多神社會中，自然產生了「財富之神」，財神原為物神，但是由於其賜人財帛，給人美好的生活，所以成了願望之神，與喜、貴、壽、子等神一樣，成為福神。

財神這名稱出現歷史並不太久，秦始皇以前，並沒有這樣一位神道，雖然戰國末年，道家哲學已完成其獨立的系統，但中國的道家哲學與道教並非一系，老莊之學，一到道士先生手上，就完全變了，於是各式各樣的神祇，也被附會和捏造出來。「財神」之稱，出於《三教搜神大全》一書。

財神，應為人間最受歡迎的神，假若有人說「財神來了」，聽到的人，誰都會眉飛色舞。因此，新年期間，有些乞討的人，就利用人們這種心理，裝扮成財神模樣，挨家挨戶去送「元寶」，或用紅紙上印財神畫像，挨家挨戶去送財神。

民間每逢新年有接財神的習俗，有的地方是

正月初五，有些地方是初四。財神的版畫原與灶神作為供奉之用，亦有作為門神貼在門上，一般則貼在家裏作為祈財的年畫，既有祈願的作用，也可作為新年的裝飾。

正月初五，相傳是五路財神的生日，俗稱「財神日」，又叫「破五日」，各商店紛紛起早把財神接回家，稱為「接路頭」。所以有：「五日財神五日求，一年心願一時酬；提防別處迎神早，隔夜匆匆搶路道」的詩流傳出來。

財神的種類很多，主要是物神人格化之後，有名的理財專家和富有的名人，都成了人們崇拜的財神，並且，特別地敬奉虔誠，常見的財神有文武之分。

文財神

增福財神是文財神，又稱「財帛星君」，是位很有福像的大官人，頭戴宰相帽，五流長鬚，白面，身上紅袍玉帶，手常持「天官賜福」的詔書。他的來歷，大約即是道教三官之一的賜福天官，因為洪範五福，「一曰壽，二曰富」。富了自然有財，所以北方畫中的財神畫像，上面常題有「增福財神」字樣。

相傳祂是商朝宰相比干，先前是位理財專家，自己家財萬貫，同時也為政府理財，富國裕民，可惜生不逢時，紂王無道，為紂王所殺，死後幻影入世，成為文財神或「增福財神」。

文財神，民俗裏祂是居家中七尊福神之一的財神。財帛星君，顧其名即知是星辰所演化的神祇，據傳即北斗七星之一，民間以祂主「文財」，所以繪像溫文儒雅，左持玉如意，右捧聚寶盆，其上即書有「招財進寶」字樣，在一般家戶多有供奉。

武財神

武財神，相傳就是趙公明，亦作趙光明，俗稱玄壇元帥，又稱玄壇爺，趙玄壇和銀主公。武財神的造型，則是黑臉，頭戴倒纓盔、虬髮，身穿烏油甲，手上執著竹節鋼鞭，騎著黑色大猛虎。

據《三教搜神大全》說，祂是秦時終南山人，得道後接替張天師（道陵）永鎮龍虎山。祂的全銜長得很，是：「高上神臂玉府大都督、五方巡察使、九州社令、都下提點、直殿大將軍、主領雷霆副元帥、北極侍御史、三界大都督、應元昭列侯、學士定命設帳使、二十八宿總管、上清正一玄壇飛虎金輪執法趙元帥」

神話傳說

據《封神演義》傳說：趙公明原在峨眉山羅浮洞修真學道，紂王的太師聞仲征伐西歧時，邀他下山助陣。他上陣後，一鞭打死姜子牙，並用定海珠打傷五位上仙。有一次，他在追趕燃點道人的途中，讓蕭昇、曹寶兩仙用落寶金錢收了他的定海珠。他為了要奪回定海珠，便向他的妹子借來金咬剪，誰知道又來了散仙陸壓，用釘頭七箭書將他殺死。

死後，被封為「金龍如意正一龍虎玄壇真君」，命他率四位正神負迎祥納福、追捕逃亡之責。趙玄壇所轄的四位正神，分別是「招寶天尊蕭昇」、「納珍天尊曹寶」、「招財使者鄧九公」、「利市仙翁姚少司」，所以被民間奉為財神爺或武財神。顧名思義，商人所最祈求的招財、進寶、納珍、利市都涵蓋其中，民間當奉為財神了。民間又以趙公明、招財、進寶、納珍、利市合稱為「五路財神」或「五福神」。

又傳趙公明為周代人，由於勇敢而被謚贈元帥，又因長於蓄財，積成巨富，故為財神。又傳趙公明自秦代隱居山中，精修道術，道家尊稱為「趙元帥」。民間相傳趙公明怕冷，故又稱為「寒丹爺」，因此在上元夜遊境時，民眾輒以爆竹相投取暖神身。

民間習俗

台灣很少有獨立的財神廟，但卻普遍奉祀財神，尤其是商家。過去正月十五日，並且有「撞玄壇爺」的民俗，玄壇爺即是財神之一的武財神。「撞」的時候四個赤膊壯漢，扛著兩根木槓，再把財神連神帶椅，縛在木槓上，然後鳴鑼遊行，搖搖擺擺地挨家挨戶去「撞」。這時，各商家一見財神光臨，一定要大放鞭炮，有時一放可以放上好幾小時，而那四個壯漢，也必須表現絕大的勇氣，爆竹連頭夾面的轟來，要毫無懼色，始可在鞭炮放完之後領賞。所以，俗稱玄壇爺為「寒壇爺」，必須大放鞭炮以增加其火氣，始能得其保佑而大進財源。

民間也常把財帛星君與福、祿、壽、喜等神並列，成了人人所最期盼的五福臨門之神，當然也倍受禮拜了。

傳說中的財神，除了文、武財神以外，還有土地公和關公。

農曆二月初二是「福德正神」誕辰，民間少不了有一番祀拜，而土地公正是信徒所奉的財神之一。土地公之所以被敬為財神，主要是一般商人信仰「福德正神」能帶來平安與生意興隆。

民間商家照例都在每月的初二、十六，準備四果、牲醴祀拜土地公，即所謂的「做牙」，也稱為「迓福」，就是迎福接運的意思，祈求土地公賜予這項福份。

商人信仰土地公為財神是有企圖，而農家信仰土地公則報恩的情意甚濃，所以農家在二月初二這天，還會以土地公金繫在竹枝上，把它插在田間，以奉獻給土地公，倒有春祈秋報豐收的意味。

從古代農、商的信仰延伸迄今，土地公自然是位列財神之一，頗受民間尊奉。

至於，關聖帝君也被稱為財神，或謂取關公在三國時所表現出的義薄雲天精神，殷商以義相結合，正祈能如關公之義，而相為之敬祀了。

另一種傳說是，關公在生前即善於理財，且長於算數記帳，曾經發明簿記法、日清簿等簿記，內中設有「原」、「收」、「出」、「存」四項，條理分明，被後代奉為會計專家，難怪也成為商人所敬奉的財神。

虎爺

虎爺雖然沒有寺廟供奉為主神，但它却為寺廟不可或缺的角色。奉祀虎爺並沒有專廟，只隨主神供奉，虎爺的主神有二：一為土地公，另一為保生大帝。

土地公的座騎

依照民間傳說，虎爺是土地公的屬下，虎經常跟隨土地公，按照土地公的命令採取行動，所以有土地公的廟宇，神桌下都供奉「虎爺」，是專供土地公騎用的老虎。信徒們相信老虎張著大嘴，可叨著財寶而來。因此，廣為

●一般人視虎爺爲鎮守廟宇的地神。

人民所奉祀。特別是許多賭徒信奉極深，還有戲劇業者也非常尊崇。

黑虎將軍

關於虎爺的另一傳說，是隨侍保生大帝的「虎爺」。相傳在宋朝時，有一隻老虎為害地方，人畜受傷害不計其數，有一次，老虎吞吃婦女刺傷喉部，劇痛難受，乃求名醫診治，名醫藉此機會警告牠，老虎表示懺悔，並願從此改過，不再危害人畜。從此以後，牠便替這位名醫服務，寸步不離地跟隨他，當名醫（即保生大帝）成為神，牠也就成了神虎，而被民間喚為虎爺中為有別於土地公的虎爺，因此又稱為「黑虎將軍」。

鎮護廟宇

但一般廟宇的虎爺，並不是供主神騎用的，而是做為鎮守廟宇的地神奉祀的，因為牠有驅逐癘疫、惡魔以及鎮護廟宇的功用。又相傳，虎爺能治療小兒腮腺炎（俗稱生豬頭皮）。當小兒患腮腺炎時，用金紙來撫摸虎爺的下頷，然後用這張金紙貼在小兒的患部，很快就能消腫痊癒。

馬使爺

輔順將軍

「馬使爺」，或稱「舍人公」，又稱「馬舍公」，也稱「輔順將軍」，簡稱「馬公」；據說，和「輔顯將軍」、「輔信將軍」、「輔義將軍」，同為「開漳聖王」陳元帥的四大部將。

今日民間畜馬的人少，所以沒有祭馬的守護神，但在明鄭時代却有。台南的馬王廟即為祭水草馬明王。水草馬明王是馬的守護神。

根據康熙、乾隆時所修的《台灣縣志》及《台灣府志》，「輔順將軍」又稱「馬王」及「馬祖」。台南市開山路「馬公廟」，原稱「馬王廟」，明鄭時代興建，乾隆四十二年重修，《台灣通史》也說俗以「馬王」為「輔順將軍」。

《台灣府志》稱馬王為天駟房星之神，如此，就和昔日中國所祭相同，而且和鄭成功史實符合。

據《燕京歲時》記載：「馬王者，房星也，凡營伍中及畜養車馬人家，均於六月二十三日祭祀之」。又《北京指南》記載：「西便門外白雲

●輔順將軍馬使爺。

觀，祭火神及馬王」。

鄭成功治台，寓兵於農，生聚教訓，營伍車馬至為重要，所祭祀的馬王，或許就是《燕京歲時記》中的「馬王」，或即為馬的守護神水草馬明王。

台灣以輔順將軍為神明的廟宇已超過十座，大部份為以前漳州移民所建，其為「馬王」的，則以六月二十三日為例祭。

牛神

動物崇拜

牛神屬於動物崇拜，係崇拜牠們對人類的貢獻。

台灣民間以動物作為神靈崇拜的對象，主要有牛、狗、馬、猴、龍、虎、龜……等等。

民間認為水牛和黃牛拖犂耕田，又能搬負重物，對人們貢獻很大，所以不忍心殺害牠們，除了不虐待牠們之外並愛惜飼養，絕對不能吃食牛肉。視為理所當然的事。

在清代律令也有規定，禁止宰牛買賣的條文，民間有許多靈牛的神話，而對牛加以崇拜，嘉義太保鄉有一座牛神廟，內供奉一條水牛，許多信徒前往祭拜。

傳說，從前有一位富翁，見屠夫牽著一隻老牛要去屠宰，富翁很憐憫這隻老牛，用錢買下來拴在庭院樹下。有一天半夜，這隻老牛哮喘不停，家人被驚醒得跑出外面時，忽然發生地震，房屋、牆壁瞬間倒塌，附近許多人家遭到傷亡，唯獨這家人全部倖免於難。這全是老牛報答救命之恩的緣故。

●牛神是民間以動物作爲神靈崇拜的對象之一。

又傳說清同治元年，台中四張犁有懂人語的牛，這隻牛曾說：「有田播、無稻收。」果然這一年戴萬生起事，傳為神奇。

民間因對牛的崇拜，而有牛神廟的設立。牛神又稱「牛將軍」。牛神廟祭典時不用香燭紙禡，也沒鷄鴨魚肉，僅享以清泉牧草。

除此，民間還有牛頭人身的神明，稱為「牛爺」。祂是陰司鬼卒，為城隍爺的部下。

2／佛教性神明

佛教的真諦是
教人向善、多積陰德、善修來世。
釋迦牟尼是佛教的開祖，
祂所了悟解脫人生的道理乃是
行純潔的道德，
方能跳出大道輪迴而獲永生。

釋迦牟尼佛

佛教的開祖是釋迦牟尼，俗稱「釋迦佛」。祂是佛教的教主，所以具有種種的尊稱，有的稱為「釋迦如來」，有的稱為「釋迦世尊」，有的稱為「釋迦佛祖」，最受人尊敬。

印度釋迦族的哲人

這些尊稱含有許多意思。「釋迦」原是一種種族的名稱，是「能」的意思，「牟尼」是哲人、修道者或者隱士的意思。因此釋迦牟尼就是印度釋迦族的哲人。「佛」是「佛陀」的略稱，「佛陀」是「覺者」、「智者」的意思。「覺者」是可以自覺，也可以覺他，「智者」是知道「苦」、「集」、「滅」、「道」四諦。「牟尼」有「寂默」、「寂靜」二種的解釋。

「如來」的解釋，《金剛經》說：「無所從來，無所從去，故名如來」，就是表示「法月如來，常住不動」的意思。「世尊」是十個佛號之中，最大的一個。《淨影大經疏》說：「佛俱眾德，為世欽尊，故號世尊」。「佛祖」，則是中國對於所有佛教神明的最大敬稱。

「釋迦佛」是二千五百多年前的人。釋迦牟

●佛教的開祖——釋迦牟尼佛。

尼姓瞿曇，名悉達，中國周朝時候，誕生於中印度迦毗羅衛城，父親是該城城主，淨飯大王，母親為摩耶夫人。祂父母結婚二十多年後，才生下這一個王子。

輪迴再生

傳說，釋迦牟尼經過五百次或五百五十次的輪廻再出生後，達到菩薩界，出生於知足天，後為一白象，於四月八日下降，從無垢潔白的摩耶夫人的右腹投入胎中，翌年二月八日於林昆尼園，當她站立於一棵樹下，從她右腹無痛地出生，這怪誕的傳說不足採信。

相傳「釋迦佛」降生的時候，如別教諸神一樣，也有出現種種的祥瑞，說：「印度的風俗，婦女有孕，就要回去娘家生產。摩耶夫人，依例要回去娘家時，在國都郊外的林昆尼花園的無憂樹下，生下王子。王子生下不久，便能自行七步，喃喃自語，指天宣誓說：『我是人中最偉大且最尊貴的覺者，我要渡救濟眾生。』話剛說完，忽然天上如瀑布般瀉下二股淨水，一股溫和，一股清涼，給王子沐浴，而且有很多天神，駕雲在空中，奏樂張蓋，慶祝王子出生。」所以現在佛教徒年年在這一天，都要舉行「浴佛節」，來慶祝「釋迦佛」的誕生。

淨飯大王年老獲得麟兒，舉國正在歡慶中，不幸經過七天，王后摩耶夫人忽然與世長辭，由姨母摩訶波闍波提，代她撫養王子成人。而在七歲時開始延聘名師，教育王子，到了十六歲時，王子不但長得儀表堂堂，還學得文武全才。

王子看到當時的印度社會，階級錯綜，大國欺壓小國，貴族凌辱平民，有錢的人飽厭膏粱，沒錢的人衣不蔽體，覺得無限痛苦，於是對於人生漸漸的抱著懷疑，一心想消滅社會的不平，眾生的痛苦。

菩提樹下成正果

釋迦牟尼到二十九歲時偶而出遊，看到人類生老病死，深悟世間的冷暖無常，遂決意出家，於十二月八日夜乘馬離開故鄉，出家修行。先入東方藍摩國剃髮為沙門，復幾經輾轉，到優樓頻螺村菩提樹下，敷草結跏趺坐，誓言不成正覺，絕不起立，到二月八日夜，在一棵樹下大悟人生解脫的大道，於是成大覺世尊，為人天的大導師，當時是三十五歲。

釋迦所悟解脫人生的道理，乃是由道德上的無垢，而非由禁慾，從生生死死的大海中解放出來，換句話說，行純潔的道德，才能跳出大道輪廻而終獲永生。

祂大悟了佛陀後，稍加休息並準備，便又開始傳道。祂的傳道中心以中印度為主。祂傳道時不分階級，男女老幼，一視同仁。祂常用淺近的比喻，隨機說法，傳道極順利，於是信奉的人數日增。祂不停地到各地佈教，到了八十歲的高齡，結束了祂四十五年的傳教生活，安詳地逝世。

現在台灣的佛教寺廟齋堂，均有奉祀釋迦佛，有的奉祀坐像，有的奉祀立像，不論那一尊神像，都雕塑的年紀很輕，面部圓潤，身高體胖。這些佛像和表示三十五歲時成道的佛陀，是不相同的。因為佛陀出家以後，經過六年的苦修，已經變得目陷鼻高，消瘦如柴了。

觀世音菩薩

慈航尊者

在佛教的諸多神祇中，最廣泛地為信徒所敬仰者，首推觀世音菩薩，自古以來，即被尊稱為「大慈大悲救苦救難觀世音菩薩」或「慈航尊者」。

「觀世音」的梵名為「阿縛盧枳低濕伐羅」，梵文的含義是：觀察一切眾生而自在地加以拯救，所以也有稱為「觀自在」者，較忠實於原意。

拜菩薩是佛教徒一種普遍的信仰，他們把菩薩看為神，相信拜祂、求祂一定能獲得「百病消除，財富茂盛，六畜興旺，合家平安」。菩薩的意思就是：上求佛道，下化眾生的大乘修行者。因此，可說修道的佛教徒就是菩薩。

佛教是用緣起觀來解釋宇宙萬物的生成，主張萬物都是由緣和合而成的，所以很顯然地是無神論者。然而今日佛教裏却有許多的神，這是因為佛教傳入中國時，利用中國人的多神多鬼的信仰，向民眾鼓吹觀音菩薩的信仰。

觀音法號

「觀音佛祖」的觀音是法號，而佛祖是中國對佛的尊稱，還有稱為「觀音菩薩」。觀音佛祖又稱觀世音菩薩、觀音媽、佛祖媽、觀音佛、南海觀世音、大悲菩薩、大慈大悲觀世音菩薩。此外，《觀世音傳》裏也說觀音化身不一，現像各異，致有送子、千手、千目、千脚、十一面、馬頭、如意輪、不空釣、高五等觀音。

「觀音佛祖」的法號雖然很多，但最普通的一是「觀世音」，一是「觀自在」。所謂「觀音」是觀世音的略稱。佛教大辭典註：「觀音，舊云光世音，觀世音，略稱觀音，新云觀世自在，觀自在」。又說：「觀世人稱彼菩薩之音而垂救，故云觀世音。觀自在者，觀世界，而自在拔苦與樂。」現在一般人以為「觀音佛祖」是個大慈大悲、救苦救難的神，就是基因於此。而稱「觀世音」為「觀音」是自唐代避李世民之諱，沿用至今的。

觀音菩薩，其意思是注意世間悲慘痛苦的聲音，所以中國才給祂起名為觀世音，或簡稱觀音。

阿彌陀之子

傳說，觀音是阿彌陀的大兒子，祂起誓大願，化為三十二種的形像，來到世上救人類。有時候化身為「南海準提」，具有一千雙手，一千個眼睛，要救航海中的罹難者。有時候化身為「送子娘娘」，是中國婦女最尊敬的。特別為不生育的婦女所服事，每天燒香不絕。有時候祂化身到大眾間來，他却不會犯罪，為要救人的罪，在最危險的瞬間到最黑暗中，來尋找罪人。祂是介於阿彌陀佛與人的中間，做個中保人物，保護貧困病苦的人，所以人們稱祂為大慈大悲。

妙善公主

另一種傳說，觀世音父為妙莊王，母為寶德后，觀音為他們第三公主，名叫妙善，愛修行學佛。到白雀寺出家，觸怒父王，把她處死。她的靈魂週遊陰府，回陽後，再到大香山苦心修練，成了正果，後來又去濟度她的父母。因為她是慈航降生，救世間急劫，於脫却凡胎以後，經中國東海普陀落迦山轉往中原，普渡眾生。施藥、馬頭、持蓮、千手等觀音總號，都是在中國普濟眾生時的現象。

觀音轉劫日為二月十九日，披剃日為六月十九日，正位日為九月十九日，現在一律以轉劫日為生日，因此民間以二月十九日為觀世音菩薩佛辰。

觀音造型

現在台灣各地祠廟，或各家庭所奉祀的「觀音」，不論是塑像，或是畫像，都是作成女的。對此，連雅堂不以為然。他說：「觀音」原是男的，並非女的，此說自明朝以來就很盛行。《莊岳委有論》說：「今塑觀音者，無不作婦人相，考『宜和畫譜』，唐宗名手寫觀音像甚多，俱不飾婦人冠服。」此外，胡右麟在《筆叢》，王世貞在《觀音本記》也說：古時的「觀音」皆不作婦人像。還有，敦煌壁畫中的觀音，其造型也為男形，嘴邊有兩撇青青的小鬍子。據說在中國有許多長有鬍鬚的觀音佛像。觀世音原為男性，但傳到中國後，在造型上何時開始成為女性，已無法予以正確的考據。

究竟「觀音」應該作成男人，還是應該作成女人，事實上無須爭執。〈普門品〉明明說：「菩薩有三十二應身，應以何身得度者，即現何身而為說法」。所以「觀音」尋聲救苦，看過「觀音」顯聖的人，所看對象當然也不盡相同。有的看到是男的，塑像奉祀，就作成男像；有的看到是女的，塑像奉祀，就作成女像了。

神畫中的觀音造型，則為白衣、赤足，跌坐在蓮花台上，左右善男、龍女侍立，背景為竹林、山岩。山岩上還有三個字「南普陀」。除家堂奉祀之外，台灣地區以奉祀「觀音佛祖」為主神的祠廟，超過六百座，信徒眾多。

文殊菩薩

佛國菩薩被漢化以後，中國信徒們從中選出了三位名氣最大的，組成了「三大菩薩」，又叫「三大士」，即文殊、普賢和觀音。以後地藏王又加入這一行列，成為著名的「四大菩薩」。佛教盛贊文殊的「大智」，普賢的「大行」，觀音的「大悲」和地藏的「大願」。

大智文殊

大智文殊的道場在中國山西五台山。佛書稱：佛祖滅度以後，在南贍部洲大震那國有座五頂山，文殊遊行到此，就住在這裏為眾生說法。「法嚴經」也說，東方有座清涼山（指五台山），文殊菩薩住在這裏，常給一萬弟子演說佛法。五台山被當作文殊聖地是從唐代開始的。唐王李淵起兵太原而得天下，建立唐王朝後，李淵把太原府境內的五台山看成「龍興之地」，便大修五台寺廟，唐代五台山最興盛時，有佛寺三百六十多座，僧尼逾萬人。

文殊師利

文殊是外來語，全稱文殊師利，這是梵文的譯音，意思是「妙德」、「妙吉祥」。文殊在

●文殊菩薩專管智慧，表「大智」。

一般寺廟裏通常作為佛祖的左脅侍，專管智慧，表「大智」；與管理德、表「大行」的右脅侍普賢，並列在佛的兩旁。其塑像大多非男非女相，但更像女性。唐以前的不少文殊菩薩與普賢一樣，唇上常畫有蝌蚪形的小鬍子，頗似美丈夫。宋代以後，小鬍子消失，面容更加秀麗、腰肢窈窕、又趨於中國美婦人模樣。文殊的坐騎是一頭青獅，表示智慧威猛；手持寶劍，表示智慧銳利。

對文殊的來歷眾說紛紜，莫衷一是。有的經書說祂本是佛，因幫助釋迦牟尼教化眾生，暫時顯化菩薩身，當了佛祖的脅侍；有的佛經說他是眾神的父母；還有的說祂是釋迦的祖師；《文殊師利涅槃經》則說祂是釋迦的大弟子，本是舍衛國一個婆羅門貴族家中的公子哥，離家投奔釋迦牟尼學道，功德圓滿，修成菩薩身，並尊為眾菩薩之首。

最後一種說法最為流行，但其「菩薩之首」的崇高地位，實際上被後來的觀世音取代，祂在世俗中的影響遠不如大慈大悲的觀世音。

普賢菩薩

大行普賢

普賢是佛教四大菩薩之一，為釋迦佛的右脅侍，佛教說他專管「理德」，表「大行」。普賢又譯成「遍吉」，他的職責是將佛門推崇的「善」，普及到一切地方，可謂功德無量。

普賢的來歷也有一些不同的說法，《華嚴經》說他是諸佛之子。《悲華經》說祂是西方極樂世界教主阿彌陀佛的第八子，與觀音、大勢至、文殊是親兄弟。《小乘經》則把普賢說成是女性，是妙莊王的二女兒，即觀世音的二姐。這是中國式的說法。依照佛教說法，菩薩是沒有什麼性別之分的。唐朝以前的普賢像多是男身女相，宋代以後是女身女相。

普賢的坐騎很特殊，是一頭大牙大白象。這種大自然並不存在的動物，其實也是一種象徵。佛教稱大牙大白象是菩薩所化，以表威靈，象徵「願行廣大，功德圓滿」。

與觀音、文殊、地藏一樣，中國佛教徒為普賢這位大菩薩也在中國選擇了說法道場——四川峨眉山。峨眉山峯巒疊嶂，氣勢磅礴，雄秀幽奇，素有「峨眉天下秀」之譽。本為道教勝地，是道教三十六洞天的第七洞天，不久為和尚們看中，後來居上，並逐步發展為普賢道場，成為四大佛教名山之一。

密引世人

《華嚴經》說有一座光明山，普賢住在這裏，常常給三千弟子說法。中國佛教理論家便把「光明山」指為峨眉山，因此山晝有「佛光」，夜有「聖燈」，一片「光明」。《雜花經》更明確宣稱普賢曾顯像於峨眉山中，化度眾生，「密引世人」。

峨眉山至今尚存廟宇七、八十座，峨眉山最早的寺廟是普賢寺，供奉的第一尊菩薩就是普賢。山中各大寺廟都有普賢殿，因普賢是釋迦牟尼佛的隨侍菩薩，故普賢殿大多是寺廟的最後一殿。

峨眉山的頂峯即著名的「金頂」，這裏是觀日出、雲海和「佛光」的寶地。由於陽光照在雲霧表面產生的衍射現象，雲層上有時會出現絢麗多彩的光環，光環中心出現的人影，是人在陽光下的投影，每人眼中見到的光環，只能映出自己的身影，互不干擾，這就是所謂奇妙的「佛光」。這種難得的自然景觀，自古以來不知陶醉了多少人。

●普賢菩薩專管理德，表「大行」。

地藏王菩薩

幽冥教主

地藏王，又稱地藏王菩薩、幽冥教主。現今祂是地神，祂雖然與閻羅王、死人和地獄有關，然而祂發誓要救助陷於地獄中的眾生。

中國安徽九華山是中國四大佛山之一，是地藏王菩薩的道場。地藏王是最後加入四大菩薩的行列的，與觀音菩薩任務不同。地藏王菩薩要救度的是地獄中所有的「罪鬼」，這位菩薩緣何叫做「地藏」呢？

佛經稱其為「安忍不動猶如大地，靜慮深密猶如地藏」，是說祂如同大地一樣，含藏著無數善根種子。依照佛教說法，地藏王受釋迦佛囑托，在釋迦寂滅而未來佛彌勒下世前的這一段「無佛世界」裏，擔當起教化天道、人道、阿修羅道、畜生道、餓鬼道、地獄道等六道眾生的重任。釋迦佛又任命祂作幽冥教主，即管理陰間，地藏王膺此重任，即在佛前立下大誓願：「地獄未空，誓不成佛！」說是直到地獄撤空，再沒一個「罪鬼」受苦，自己才願成佛。佛心樸直，善亦大焉。可惜六道輪廻永無休止，地獄何時才能撤空？所以地藏王也就永難成佛，中國佛教把他視為四大菩薩之一。

地藏王肉身塔

據佛書載，地藏王菩薩托胎為新羅國（今朝鮮半島）王子，生於中國唐朝武則天時，姓金名喬覺，自幼出家，於唐玄宗時來到中國，入安徽九華山苦行修煉，金喬覺在此募化建寺，廣收信徒，使九華山成為香火盛極一時的佛教勝地。

金喬覺九十九歲時，坐在函中圓寂，三年後開缸安葬時，肉身不壞，面色如生，抬動時骨節俱動，像搖動金鎖聲。按佛教說法，其兜羅綿軟，金鎖骸鳴，乃是菩薩應世，於是以全身入塔，這就是著稱於世的地藏王肉身塔。

傳說，地藏王統率十殿閻羅王，專司人間善惡，善人提升西天極樂世界，惡人使墜入地獄，祂的神像坐在靈獸地獍上面，據說這靈獸的耳朵非常靈聰，或名「諦聽」。

每逢農曆七月十五日和七月三十日，是地藏王生日和成道日，成羣的信徒湧至地藏王菩薩殿前，跪拜上供，還有許多人通宵誦經。

在日本，地藏王菩薩是陸地旅行者的守護神。因此，在道路旁常常可看到祂的神像。

●要救度所有罪鬼的地藏王菩薩。

彌勒佛

中國北平古刹潭拓寺中，山門之後就是宏偉的天王殿，這裏有一副膾炙人口的楹聯，聞名遐邇：

大肚能容，容天下難容之事；
開口便笑，笑世間可笑之人。

平淡而見奇趣，淺近而具哲理，楹聯表達的人生態度實有超凡入聖意味。

慈悲無敵

殿內供奉一尊胖大和尚，袒胸露腹，箕踞而坐，大肚子滾圓突出，最為醒目，他手掐串珠，笑口常開，這就是人們十分熟悉的大肚彌勒佛。

彌勒佛，俗稱布袋和尚，或稱彌勒菩薩，也稱彌勒，彌勒是梵文的音譯，意思是親切、慈愛的，是小乘所共同承認的，祂的兩樣特性是慈悲與無敵。祂掌管佛教會的擴張，並且負責保護佛教徒，更領導佛教走上最後的勝利，祂是位個子很矮，身體肥胖，一身是肉，滿臉笑容的佛。

彌勒，這是祂的姓，名叫阿逸多，按佛教說法，祂現在還是個菩薩，將來必定成佛（即未來佛），祂是釋迦牟尼的既定接班人，地位極高，祂與中國五代時的布袋和尚並無瓜葛。

布袋和尚

彌勒佛為什麼叫做「布袋和尚」呢？

中國廟宇供奉的大肚彌勒，並非是佛教三世佛中的未來佛彌勒，而是個實實在在的中國人，祂就是布袋和尚——契此。

五代後梁時，浙江奉化出了個怪和尚法名契此，契此身材矮胖，肚子奇大，加之言語無常，四處坐臥，常用竹棍挑著個大口布袋在鬧市中化緣。祂能預報天氣，為人說禍福也稱靈驗，因而名噪一時，人們就叫祂為「布袋和尚」。

梁貞元三年，契此圓寂時端坐在岳林寺一塊盤石上，說偈語道：

彌勒真彌勒，化身千百億；
時時示時人，時人自不識。

由此可見，彌勒佛時常以各種身份，顯靈在人間，但人們卻毫不知情。可謂生之不俗，死亦不凡。言訖，溘然而逝。人們這才悟到，原來這位胖大和尚就是彌勒佛的化身。以後人們便按照他的模樣塑成了中國式的大肚彌勒佛，供奉在廟宇中。

這位「冒牌」的彌勒佛，千百年來取代了佛教中正統的彌勒佛而名揚四海，婦孺皆知。而佛教中真正的彌勒，倒鮮為人知。「正統」的彌勒造像，身著菩薩裝，常戴天冠，又稱天冠彌勒。

在台灣地區，以彌勒佛為主神的寺廟，僅有四處，但有許多寺廟卻配祀著彌勒佛，民間以正月初一為彌勒佛的誕辰。

濟公

中國杭州名剎靈隱寺大雄寶殿如來佛祖的背後，有一幅大型羣塑「善財童子五十三參」。在這組羣塑上面，你要是仔細觀察，就會發現一個特殊人物——這就是手拿破扇子，不修邊幅的濟公。

佛國中的羅漢名目眾多，數量很大，但這些高級外國和尚，很難讓人記住。倒是濟公這位中國羅漢，家喻戶曉，無人不知。

酒肉羅漢

濟公，又稱濟公活佛、濟公和尚，也稱作濟顛僧。濟公在歷史上實有其人。他生在南宋初年，是浙江台州（今浙江臨海）人。俗家姓李，名心遠，出家後法名「道濟」，活了六十一歲。父親李茂春，是李駙馬的後代。道濟十八歲時於杭州西湖靈隱寺剃度為僧，後移往淨慈寺。他不守戒律，好的是大碗喝酒，大塊吃肉，行為舉止顛狂放蕩，被人們稱為「濟顛僧」。

為方便度世，他常常假裝顛狂，裝瘋賣傻，因此被世人奉為濟顛或濟顛和尚。靈隱寺對面飛來峯的洞穴中，至今留有「濟公床」、「濟公桌」，相傳濟公常偷偷躲到這裏燒狗肉吃，喝醉了酒就在石床上呼呼大睡。有趣的傳說，引得無數遊人在此遐想聯翩，流連忘返。

手持大蒲扇，形似瘋顛，認識神佛者馬上就會想到「濟公活佛」。他的那把大蒲扇，似乎有無窮的法力，毫不遜於道教張天師手中的那把天師劍。濟公的形象正建立在他的借顛度人、濟世，不拘於形式，而獨具一格。

在民間傳說中，濟公是一個專管人間不平，又神通廣大的傳奇人物，他智鬥秦丞相，懲治嘲弄貪官污吏，路見不平定要拔刀相助。又他的行動常常是以嬉笑怒罵、幽默逗趣的形式出現。

傳說，當濟公住過的淨慈寺，有一次，寺院被焚，急待重建，但重建需要木料，於是，濟公便到四川募化木料，便以身上的袈裟罩住諸山，把山上巨木全部拔起，並順江流到杭州，寺內古井與海相通，木料由海上運來，一根根從井中浮出，這些木料修好了寺廟大殿，適時解決了重建寺廟的難題。

有關濟公的種種救人於危的事蹟傳說，坊間所流傳的《濟公傳》，有不少的描述，濟顛的助人為善與顛狂情事，都在這本民間流傳書中表露無遺。

濟公死後，葬在杭州西南大慈山虎跑，虎跑泉西有二層樓高的濟公塔院，是他的葬骨處。

濟公的塑像十分奇特，在羅漢堂中常能找到他的踪影，由於濟公不大遵守「紀律」，所以他常常站在過道裏，從不排在羅漢們的隊伍中。據說蘇州西園寺的濟公像，最為傳神。濟公身穿破僧衣，手拿一把破扇，面部表情十分生動，從三個角度欣賞，竟有三種不同表情：從左面看，滿面笑容，叫做「春風滿面」；從右面看，滿臉愁容，叫做「愁眉苦臉」；從正面看，更有意思，半邊臉哭半邊臉笑，所謂「半嗔半喜」、「哭笑不得」、「啼笑皆非」，高超的雕塑藝術，正是濟公性格的絕妙寫照。

十八羅漢

無論是佛堂或寺廟，凡是供奉觀世音菩薩的地方，都在兩旁壁上祀奉十八羅漢為從神。

阿羅漢

十八羅漢本來自十六羅漢，他們是釋迦牟尼的十六個弟子，是歷史人物。羅漢，是梵文譯音「阿羅漢」的略稱。佛教認為一個人因為修行的功夫不同，故取得的成就也有高低之分，每一種成就叫做一個「果位」。「阿羅漢果」是小乘佛教修行達到的最高果位，在大乘佛教中則低於佛、菩薩，是第三等。

佛教稱獲得這一果位，就可熄滅一切煩惱，圓滿一切功德，永遠不再會投胎轉世受所謂「生死輪迴」之苦。獲得阿羅漢果位的人叫「阿羅漢」，簡稱「羅漢」，應受人天供養。著名的十六羅漢，傳說是受到佛的囑咐，不入涅槃，常住世間，弘揚佛法，受世人的供養而為眾生作福田。

後來又增加了降龍、伏虎兩位尊者，成為流行的十八羅漢。十八羅漢的興起，並無經典依據，主要是當時畫家們在十六羅漢之外加畫了兩位，成為以後最流行的羅漢羣像，列於大雄

●觀音菩薩的從神十八羅漢。

寶殿兩側，在一般寺廟中都能找到他們的身形。

十八尊者

十八羅漢的名字分別是這樣的：

彌勒尊者、達摩祖師、志公禪師、降龍尊者、目蓮尊者、飛杖尊者、開心尊者、進花尊者、梁武帝君、獅子尊者、長眉祖師、伏虎尊者、洗耳尊者、弄鈸尊者、戲笠尊者、進燈尊者、進菓尊者、進香尊者。

在諸多佛教神像中，十八羅漢的造型獨具一格，每一尊羅漢的表情姿態、縱情自然、怡然自適，毫無道教或民間信仰中的諸神那種矯飾造作之形狀。

每當我們站在這十八尊羅漢神像前，觀看他們的表情，都不由得發出會心一笑。的確，以這種造型的從神，來配襯大慈大悲的觀世音菩薩，是最恰當不過的了。

四大金剛

象徵風、調、雨、順

在中國一些寺廟裏，供奉有四大金剛的塑像或畫像，這四大金剛分別持著寶劍、琵琶、傘蓋、索蛇，象徵著風、調、雨、順。

四大金剛的由來非常久遠，早期的佛典記載裏金剛力士祇有一尊，像中國雲岡、龍門所出現的，也是單獨一尊後來漸漸演變為二尊。

當印度的佛教衍生出密宗時，金剛神又被密宗攝取，成為四尊護法神，也就是無畏金剛、滅怖畏金剛、雖勝金剛、除怖畏金剛等四大金

●四大金剛分持寶劍、琵琶、傘蓋、索蛇。

剛，他們手中分別持有棒、索、卷、刀或輪。

四大金剛傳入中國後，神明雖同，但作用和性質完全改變，變成象徵風、調、雨、順的四神。其中無畏金剛變成持寶劍之神，本來象徵智慧，現代表「風」；滅怖畏金剛變成持琵琶之神，本來意味著諧樂眾生，現代表「調」；雖勝金剛變成持傘蓋之神，本來意味著覆護眾生，現代表「雨」；除怖畏金剛變成持索蛇之神，本來意味著救援眾生，現代表「順」。

為什麼四大金剛傳入中國後，會有這樣的改變呢？這是因為中國自古以來以農立國，不可測的天災神變最能影響農耕稻作，因此人人祈求上天保佑，年年能「風、調、雨、順」。祈拜象徵風、調、雨、順的神，也就自然而然成了民間普遍的信仰。

●象徵著風、調、雨、順的四大金剛。

韋馱、護法

護衛寺院

寺原為奉祀佛教神佛所在，是佛教專用稱呼，一般稱「佛寺」，如圓通禪寺，供奉釋迦牟尼；龍山寺，供奉觀音菩薩；普明寺，供奉地藏王菩薩；寶覺寺，供奉彌勒佛。民間有時並不一定將佛祖供奉於寺，也有將道教神明供奉祠寺的。

巖即山寺，亦屬於佛教，如龍山巖、廣承岩、石雲巖、金山岩、觀音巖、圓通巖、寶藏巖等都是供奉佛祖或觀音菩薩。

無論是寺、巖或佛堂、廟宇，凡是供奉佛祖的地方，都在兩旁祀奉十八羅漢、韋馱、護法、伽爺、藍爺等等，祂們都是佛祖的配祀神。

韋馱和護法，一般都侍奉在釋迦牟尼、觀音菩薩等佛祖左右。神靈既有其職位，因此就有從屬，一如宮殿上之有文武百官。

韋馱、護法供奉於佛寺之中，是護衛寺院之神，擔任維護佛法的任務。

目蓮

摩訶目犍連，簡稱目犍連、目乾連、目連。目蓮應書為目連，這是梵文的譯音，意思是「大胡豆」、「采菽（豆）氏」，據說這種大胡豆是古仙人最愛吃的，這便是為目連所在氏族的名稱。

目犍連是個真實人物，出身於上流的婆羅門種姓，是古印度摩揭陀國王舍城人。他與另一個著名佛教人物舍利弗，最初都信奉外道，各有一百個徒弟。一天舍利弗聽了釋迦牟尼的講演，佩服得五體投地，馬上去告訴目連，二人便帶著二百個徒弟集體加入了佛教。這在當時對佛門是極大的支持，目連與舍利弗都成為釋迦牟尼的得意門生。目連最終只修成了羅漢，還沒來得及成佛，便被反佛教的婆羅門用棍棒打死。目犍連的主要經歷不過如此，並無多大奇異可言，但後來逐漸被神化。

按佛教說法，如來佛的十大弟子都有某種絕招，號稱「某某第一」，目連是「神通第一」，他的神通表現在：「神足輕舉，飛到十方」，能一下飛上彌勒佛的淨土世界——兜率天。不過，民間百姓對目犍連了不起的飛行特異功能，並不熟悉。家喻戶曉的倒是他那廣為流傳的救母和救度餓鬼的故事。

目蓮救母

　佛教傳說，古印度摩竭國中有個頭號富翁，叫富相，富相家中驢馬成羣，財寶無數。這位富財主有個絕大的癖好，就是敬重出家人，見了僧尼如對父母一般侍奉。富相的夫人叫青提，年輕又漂亮，是國內第一美人。她與行善樂施的丈夫正好相反，是個頭號小氣鬼。青提夫人也有個絕大的怪癖，就是最恨世上出家人，視僧尼為仇人。

　富相老年得子，起名目連，這位少爺倒很像父親，心慈面善，嚮往三寶（佛、法、僧）。富相死後，目連已經長大成人，便要外出經商。臨行時他辭別母親道：「孩兒出外求財，母親在家要積德積善，對那些出家人要如同對待孩兒一樣。」目連母勉強答允。

　誰知道青提夫人說歸說，做歸做，對那些登門化緣的，不管和尚還是尼姑，她是全都趕走，一個也不施捨！半年後，目連經商返家，聽鄰居說母親根本不曾修善，對出家人極不友好，就問母親原由。青提一聽大怒，喝罵道：「你竟敢不相信你母親？我要是對出家人不好，七天之內不得好死，死了墮入阿鼻地獄！」

　不料到了第七天，目連母親果然暴亡，目連大哭一場，安葬了母親。他不願過財主日子，拋棄了榮華富貴，投奔了釋迦牟尼，修成羅

●目蓮救母的故事家喻戶曉。

漢，神通廣大，成為佛祖十大弟子之一。目連得道後，在天堂見到了父親在盡情享樂，但沒有見到母親，他向佛祖打聽，才知道母親因生前不敬佛門，死後果真墮入阿鼻地獄。

目連在陰間的阿鼻地獄，終於找到了已形容憔悴的餓鬼母親，日日遭受銼腰錐背、刀刺火燒諸種苦刑，目連見了切骨痛心，忙乞來飯食餵哺母親，誰知美餐還未到口，立刻變成火炭，無法下口，目連無計可施，急得捶胸頓足，只好去如來佛那裏求救。

如來佛對目連說：「你雖然得道成了羅漢，但靠你個人力量還救不了你母親，須得僧眾在七月十五日廣造盂蘭盆會，使天下餓鬼全能吃飽，你母親才能得救。「盂蘭盆」是梵文的譯音，意思是「救倒懸」。於是目連請十方僧眾廣設盂蘭盆會，超度眾餓鬼。目連母親總算脫離了地獄，但仍轉生為王舍城的一條黑狗。最後靠了兒子法力才轉生人身，升入天堂，這是一個典型的佛教勸善行孝的故事。

盂蘭盆節俗稱鬼節

根據這一傳說，形成了傳統的佛教節日盂蘭盆節，俗稱鬼節。在農曆七月十五日中元節這一天，寺廟中舉行誦經法會，街巷還要搭起高台，鬼王棚座，僧尼誦經，施救焰口，以救孤魂。在道教的說法，這一天是「中元節」，如今形成所謂的「中元普渡」的風俗，沿襲至今。

普渡的由來另有一說：相傳唐朝李世民遊地府，因眾鬼卒被囚困於地獄門而無法超生，要求李世民為他們超渡。於是李世民還陽後，即刻命令唐三藏到印度取真經，為無主的孤魂作了七七四十九天的羅天大醮，目的是使他們六道輪廻，轉世陽間。

如今，中元節舉行普渡的用意，不僅是好兄弟吃大拜拜，希望他們安安份份，莫在人間到處騷擾，最主要的是藉著普渡祭拜的機會，代向閻王求情，請閻王慈悲為懷，能夠儘量讓這些孤魂投胎轉世，早日脫離鬼域，回到陽間重新做人，故普渡是一樁極富「人情味」的事啊！

3／古聖先賢性神明

史籍中的古聖先賢，
譬如倉頡、孔子、孔明、魯班、以及
岳飛等等。
他們立德、立言、立功，
造福人羣、功在社稷，
他們的言行永爲後世人所崇敬。

制字先師

「制字先師」，又稱「制字先聖」，或稱「蒼頡聖人」、「蒼頡至聖」、「蒼頡先師」，也稱「左史蒼聖人」。他就是黃帝時代，創造文字的蒼頡。

史官蒼頡

蒼頡是黃帝的史官，也就是造書（制字）的始祖，也有稱蒼頡為倉頡的。蒼頡當時造書頗為艱鉅，辛苦用心，更是細密構思，才有這樣偉大的成就。

據說中國造字的人，除了蒼頡之外，還有協助蒼頡造字的「沮誦聖人」。沮誦，又作沮頌，在黃帝時代，沮誦做左史，蒼頡做右史，同心協力創制文字，可是後人祇知道蒼頡造文字，而很少有人知道「沮誦聖人」。

中國陝西白水縣史官鄉有座蒼頡廟，近二千年前的東漢年間此廟已具有相當規模，以後歷代皆有增修，大廟包括前殿、正殿、後殿、鐘鼓樓等。

後殿正中供奉蒼頡神像，與眾不同的是，神像有四隻眼睛，這是根據古書「蒼頡四目」的記載塑造的。傳說蒼頡是從天上降下來的神人，他的品德高過大聖賢，長著四隻眼睛，神光四射。蒼頡「生而能書」，發明了文字。也有說他見了鳥獸在地上留下的爪蹄痕跡，心有所悟，而創造了中國的象形文字。

中國早在仰韶文化時期，就有了圖畫文字，以後逐步演化成了真正的文字。殷商時代的甲骨文，遺存至今的尚有三千五百多個字，甲骨卜辭記載了當時人們的種種社會活動。文字的形成，標幟著人類進入文明的門檻，在人類社會發展歷史上占有極其重要的地位，人們自然要感謝和頌揚文字的創造者，於是出現了造字神話和造字之神蒼頡這個傳說人物。

神格化的造字神

蒼頡被神化為天神下凡，他有超過凡人一倍的眼睛，這樣就使他具有遠遠超過常人的特異功能，能看得更多、更遠、更清，因而才能創造非凡的業績。

其實，造字是人類社會活動中的一種羣體活動，並非是一個天才人物的獨家創造，而是許許多人共同努力的結果。當然，其中也不乏聰明智慧之士，總結廣大羣眾的集體創造，進行不懈地整理、加工和提高。這些人對文字的形成作出了重大貢獻，蒼頡就成了一個突出的代表。

蒼頡是個傳說人物，傳說他是黃帝的史官，所以他的家鄉叫史官鄉。他的名字和造字功勞早在戰國時期，就出現在許多古籍中，蒼頡大概是個整理古代文字作出過巨大貢獻的人，或者說，他是許許多多文字創造者的化身。

文字是人類文明發展史上一個重要標誌，一個里程碑，然而，中國有句古話，叫做「蒼頡造字，夜有鬼哭」。文字誠然代表了文明，文字獄卻代表了黑暗，更有焚書者在，不唯褻瀆神明，尤其對不起祖宗了。

台灣地區制字先師都是附祀在文昌廟或其他廟宇中，以三月二十八日為蒼頡的誕辰，一般學子也應該虔誠禮拜，尤其官方更應該加以提倡，目前奉祀「制字先師」為主神的廟宇，未見登記。

至聖先師

孔夫子

至聖先師，就是「孔夫子」，或稱「孔子」，民間俗稱「孔子公」。「孔子」是儒家的宗師。

「孔子」姓孔，名丘，字仲尼，春秋時代的魯國人。父梁紇，母顏氏，周靈王二十一年八月二十七日生，周敬王四十一年逝世，享年七十有三。

孔子三歲喪父，繼而母亦亡故，幼年貧窮。然孔子生有聖德，學無常師，嘗問禮於老聃，學樂於萇弘，習琴於師襄；不恥下問，以為「三人行必有吾師焉」，所以孔子學問甚為廣博。

他初為魯國司空，周敬王二十年，任大司寇執行相國的事務，誅殺亂政的少正卯後，魯國大治。其後周遊列國達十三年，終以各國君主遠賢人，親小人，不見大用，時年已六十有八；遂無意仕途，而從事學術工作。孔子回返魯國後，刪詩書、訂禮樂、贊周易、作春秋，並從事教學工作，以詩書禮樂為內容，授徒達三千多人，身通六藝者有七十二人。

●儒家宗師—孔子。

孔子之專廟奉祀，始於春秋之時。魯哀公於山東曲阜建孔子廟，收藏孔子衣冠、琴、車、書等遺物。經過歷代的提倡，各州縣皆建孔子廟。明永樂以後稱「文廟」，一九九四年，政府規定稱「孔子廟」，然而民間仍習稱為「文廟」或「孔廟」。

台灣地區的孔廟有三十多座，其中以台南市的孔廟最大，稱「全台府學」。每年教師節都有隆重而盛大的祭典。

孔明先師

諸葛武侯

「孔明先師」，又稱「諸葛武侯」，又稱「武鄉侯」。

「孔明先師」，三國時代蜀漢瑯琊人，複姓諸葛，名亮，字孔明，因他躬耕於南陽臥龍岡，故世稱為「臥龍先生」。

東漢末年，曹操擁兵百萬，挾天子以令諸侯。當時，孫權據有江東，國險民拊。而劉備以漢皇叔之尊，無處立身，乃三顧茅廬，親訪諸葛亮，孔明因受劉備之誠感動，答應佐助劉備，以敗曹操。

他足智多謀，通曉天文地理，乃以計火燒赤壁，取荊州，定益州，擁有漢中之地，建國蜀中，而與魏、吳形成鼎立的局面，歷史上稱為「三國」。

劉備即位後，拜諸葛亮為丞相，劉備逝世以後輔佐幼主，封武鄉侯。領益州，東和孫權，南平孟獲，六出祁山攻打魏國，志在恢復中原，中興漢室。可惜，壯志未酬，後卒於軍中，時為蜀漢建興九年，享年五十有四，謚忠武，真是「鞠躬盡瘁，死而後已」。

諸葛亮於唐德宗時，列入王廟十哲之一。

台灣廟宇中，把孔明先師列為主神的，祇有新竹市青草湖畔的孔明廟，香火鼎盛，遊客不絕。

●「鞠躬盡瘁，死而後已」——孔明先師。

巧聖先師

天下之巧匠

魯班，是中國名聲最大，影響最久的行業神，木、瓦、石等土木建築行業尊奉他為祖師爺。人們生活離不開泥瓦行，所以魯班爺也就星羅棋布。

巧聖先師是魯班的尊號，也就是公輸班，通常又稱「魯班公」，或者是「志班公」、「大師府」，台灣許多廟宇祀奉魯班為巧聖先師，但大部分都是把他當做配祀神。

魯班是個歷史人物，他是春秋末期魯國的一位著名工匠，生於魯定公三年五月初七，其父名賢，母為吳氏。魯班出生時，白鶴羣集，滿室生香，持續了整整一個月，鄰居都以為奇人降世，他活了六、七十歲，是當時最出色的工匠，有著高超的技術，被譽為「天下之巧匠」。

魯班的姓名有很多說法。《史記》及《後漢書》都稱公輸班，姓公輸，名班，因是魯國人，故又被叫做魯般或魯班。孟子稱魯班，世人稱公輸子；墨子作公輸盤；朝野僉稱魯般；《太平廣記》作公輸班。

●建築業祖師爺巧聖先師。

長大後，拜當時一位名匠鮑志為師，向他學習雕刻鑲鏤的技術。魯班天生手藝靈巧，很快便學會一手雕刻技藝。魯班的妻子雲氏，頗為嫻淑，也天生一副巧手，相傳雨傘就是她發明的。夫妻兩人彼此切磋，相得益彰。於是，魯班製造出來的器物，沒有一件不精巧，甚為當代人所稱讚。

魯班生活的時代處於春秋戰國之交，由於鐵器的廣泛使用，生產力有了很大的提高，這也促進手工業的進一步發展。據史料記載，魯班為楚國造過雲梯、鈎強（戰船上的武器）等武器，還發明製造了許多工具，相傳鋸、墨斗等也是魯班發明的。

據說，魯班用竹、木作成鳥鵲、飛鷹，可以連續在天空翱翔三天而不下。魯班為自己母親精心製作了一輛高級木製馬車，還用木料做了一個機關具備的機器人。魯班將母親放在車上，開動機關，木製機器人趕著馬車走了，一去不返，無影無踪，傳說雖然有些離奇，但魯班的巧智已天下遠播。

魯班的心思神巧，還發明許多用具，像農家用的簸箕、船舶上的櫓槳等，他還製造了規矩準繩，讓天下人及後世人使用。魯班並發明了刨刀、鑿頭、鑽子、斧刀等工具。他所使用的尺，是以生、老、病、死、苦五個字作基數，每個字是一寸四分長，當他為人建築房屋時，以不碰到死、苦兩個字為原則，這種方法一直流傳至今，大家都稱這種尺為「魯班尺」。

又傳說，魯班與墨子為同一時代的人，魯國工匠，善於製造精巧器物。楚惠王時，魯班從山東南遊，來到楚江，幫助楚王製造舟戰航器，以及鈎拒兵備，楚國軍隊使用這些兵器打敗了越國，魯班因此而建立大功。楚王又重用他發明製造「雲梯」，和攻破城牆的兵械，準備乘勝攻打宋國。墨子知道後，匆忙趕到楚國，勸阻魯班，才免除了楚宋兩國的戰爭。

傳說魯班修了趙州橋，張果老想試試石橋堅固與否，就約上仙人柴榮，他倒騎著驢，驢背的褡褳裏放著「太陽」和「月亮」，柴榮的獨輪車裏載著「五岳名山」。二人一上橋，把橋身壓得直搖晃，魯班趕緊跳到橋下，用雙手把橋托住，二人帶著日月五山順利通過了石橋，如今橋面上還有驢蹄子印和車道印！

魯班雖是古代的木匠，因為他天資聰明、技藝高超，兼以感懷他對土木、建築、營造等方面造福人羣，因此後人尊奉為「巧聖先師」，為土木、建築、營造和木器業所崇拜的祖師爺。

台灣地區僅有兩座廟宇是以「巧聖先師」為主神祭祀，分別在台中和高雄兩縣，其他廟宇都以附祀的方式祭拜魯班。每年農曆六月十三日，舉行祝祭儀式，俗稱魯班公誕辰紀念日。由於傳說紛紜，也有些地區以五月初七為魯班公的誕辰，在建築界人士稱為「師傅誕」。這一天，全部建築工人放假一天，白天去祭拜魯班公，敬香參拜，隆重祭祀，入夜則大擺宴席，開懷暢飲，與神同樂。工人們認為喝了先師的誕辰酒，可保全年平安無事。

除了營造和土木工匠祭拜魯班公外，直到今天，凡是工程動土，都要在工地擺桌祭拜巧聖先師，祈求他保佑工程能平安順利。

魯班雖被奉為行業神，但他與那些不食人間烟火的神佛完全不同。在魯班傳說中，他是一個面貌和善、衣著破舊，四處奔波，為同行排憂解難的忠厚長者，是中國能工巧匠的卓越代表。

楊公先師

堪輿祖師

楊公先師，又稱楊仙師、楊府真人、楊公救貧。楊公先師，就是唐僖宗時代的楊筠松，字叔茂，竇州人。精通堪輿術，官至金紫光祿大夫，掌管靈台地理事務。在黃巢攻陷長安的時候，剃髮跑到崑崙山修道，後來以地理術行世，時稱「救貧先生」。著有《撼龍經》、《墨囊經》、《立錐經》、《疑龍經》等書，為堪輿界所宗的圭臬。

民間傳說，楊公先師為唐僖宗時的國師，為堪輿界的祖師。得天書五本，收門徒五人，大弟子曾文通、二弟子廖順受、三弟子劉江東、四弟子黃廖應、五弟子賴太素，都精通堪輿術。

又據《四庫提要》謂，《撼龍經》所載為相土地的吉凶，山陵形勢與九星相配，以卜其兆等。

台灣以楊公先師為主神的廟宇有兩所，一為新竹市的寧興宮，一為苗栗縣的楊公廟。

韓文公

粵籍移民守護神

客家人崇拜文起八代之衰的唐代大文豪，自古以來一直將韓愈奉為他們的守護神，無論遷徙到何處，都不會忘記找個地方奉祀這位大文豪。這個傳統，當然也帶到了台南市，當地古廟三山國王廟的右殿，便配祀著韓文公的神位。

韓文公是唐代因為排佛而得罪了朝廷，被貶到當時還是蠻荒之地的潮州，他在這個地方做了很多事情，所以潮、汕一帶的民眾，都很崇拜他。

韓愈，字退之，宋神宗時封「昌黎伯」，世稱韓昌黎，乃是文起八代的偉人。漢代以後一直都是流行四六駢驪體，這種文體只是以做文字遊戲為能事而已，此種功夫根本無法表達高度的思想，也沒有辦法表達深遠的情意。韓文公有鑒於此，就打破了這種文字遊戲的方式，並提倡自由的描寫，那是中國歷史上的文學革命，所以後世的人才稱譽韓文公為文起八代之衰的偉人。

在台灣地區，主祀韓文公的廟宇，僅有一

●韓文公是文起八代的偉人，亦是粵籍移民的守護神。

座，位於屏東縣內埔鄉的昌黎祠，創建於清雍正年間。其餘都配祀在三山國王廟、文昌祠等，香火頗鼎盛。每逢高中、大專聯考。高普考、地方特考……等季節，祈求韓文公庇佑，保證考取的青年學子更是絡繹不絕。

包青天

「包青天」，又稱「閻羅天子」，或曰「閻羅王」；相傳也就是十殿閻羅王中的第五殿閻羅王，俗稱「包公」。

「包青天」就是包拯，宋朝盧州合肥人，字希仁，父包懷，母周氏，生了他們三個兄弟，包拯排行第三，從小就拜一寧老先生為師，舉進士第，官拜大理評事，隨後歷有昇遷。

包拯性情素來耿直，在朝為官，表面上看他剛毅木訥。事實上，他却能明察秋毫，尤其最痛恨有些貪官苛吏，所以一般權貴和宦官們為之側目，時時刻刻都在檢討自己，沒有敢為非作歹的；因此，當時連婦人童子也沒有不知道他的廉潔、能幹和大公無私的。

活閻羅

又傳說，由於包公為官清正，陰陽兩間都能管，就是白天治陽世，夜間治陰司，故有「活閻羅」之稱。無怪善男信女們把青天大老爺，當作十殿閻羅的第五殿「閻羅王」了。

台灣地區奉祀「包青天」、「包公」、「包公太子爺」的祠廟僅有十一座。

岳飛元帥

「岳飛元帥」，又稱「岳府元帥」、「岳文元帥」、「精忠元帥」、「岳府王爺」、「岳武穆王」，以及「元帥爺」、「岳王」等不一。

「岳飛元帥」為宋朝河南湯陰人，字鵬舉，相傳出生時有大鵬鳥飛鳴屋頂，因此為名為字。岳飛生下來還未滿月，就遇到黃河決堤，母親抱他坐在水甕中，被洪水衝抵彼岸，倖免於難，地方人士甚為驚異，說大難不死必有後福。

精忠報國

岳飛少年時，家貧力學，生有一身神力。宋徽宗宣和四年，從軍報國，屢建戰功。高宗即位，手書「精忠岳飛」四字製旗頒賜。後來官至太尉，授太保，為黃河南北諸路招討使。

紹興十年，大破金兵於河南開封西南的朱仙鎮，正待指日渡河，直搗黃龍府以振興宋室。無奈宰相秦檜主和，竟在一日內連降十二道金牌，召岳飛班師南下，岳飛憤慨泣下。秦檜又以莫須有的罪名，捕岳飛入獄，翌年遇害，年僅三十有九。死後葬於杭州西湖畔，為「岳王墓」。孝宗淳熙六年詔復官，謚武穆。寧宗嘉定四年，追封為鄂王，改謚忠武，並建廟於湖北武昌，號忠烈。

民間奉祀岳飛，始於明太祖廢武成王廟以後。岳飛一生精忠報國，名垂千古，為後世所景仰。台灣地區有岳王廟十一座，每年二月十五日的祭典，以宜蘭的碧霞宮最為隆重，儀式均照古禮進行，典禮肅穆，香火鼎盛。

●岳飛一生精忠報國，名垂千古。

4／自然界神明

對於自然界神明的崇仰，
是因爲先民開拓時期知識水準較低，
在艱困的情況下
產生的一種企望心理。

福德正神

伯公

福德正神，或稱土地公，土地公是管理土地之神。民間以其造福鄉里，德澤萬民，所以尊稱為「福德正神」。客家人則稱為「伯公」。究竟「伯公」是什麼神呢？祂原來就是「地神」，也就是一種自然神。中國自古代起就已經祭地神了，人們以為有土地才能夠生長五穀，有了五穀才能養活人類。所以對於土地漸漸的發生感謝之念，後來便把土地視為神明。尤其中國以農立國，一般的人怎樣重視土地神，由此可猜想而知。

歷史由來

中國古代即有祭祀土地的儀式，在《禮記》載有：「天子社稷皆大牢，諸侯社稷皆小牢。」社是土神，稷是穀神，天子祭地神，以牛羊豬三牲為大牢，而諸侯祭地神，則以羊豬二牲為小牢。

中國古代設金、木、水、火、土五行之官，五官之長稱正，《左傳》注有：「五正，五官之長」，又注「土正曰后土」，后土既為土官之名，亦為土神之名。

據《白虎通》謂：「社，土地之神也。」又謂：「為天下求福報功，人非土不立，非穀不食，故封土立社。」

《禮記》亦謂：「王為羣性立社」，又謂：「社，后土也，使民祀焉」，並疏「后土，即社神也。」

《通俗篇》謂：「今凡社神，俱呼土地。」

《楚辭》謂：「土伯。」

《五經異義》謂：「今人謂社神為社公。」

根據以上各種古書記載中，已有后土、土正、社神、社公、土地、土伯各稱呼。或因社神管祈福報功，而有「福德正神」的尊稱。

在中國各地以稱土地老爺，或稱土地爺爺為多。而在台灣地區，則以「福德正神」及「后土」居多，有的稱為「土地公」、「伯公」或「福神」。又在城鎮及廟祠多用「福德正神」字樣，在郊野及墓地則慣用「后土」。

《禪林象器箋》謂：「土地神，守護地方之神。」

《左傳》注：「二十五家為一社。」

由此看來，古代的社已遍及各地。先民移居台灣，開拓蠻荒，胼手胝足，辛勤開墾，內心自然產生對於土地祈求恩賜豐收，以得生存的禱望。不僅視土地之神能護佑五穀豐收，且能保佑家畜興旺，人與天爭，祈神保佑，自屬難免，致有「田頭田尾土地公」之說。

土地公的來歷，實際上是綜合了古代君主所祭「天、地、社、稷」中的地祇和社、稷之神。本來天地之神，民間是不得祭祀的，大概是後來土地公由「自然神」進化為「人格神」，民間才為祂雕像來崇拜。土地公由「自然神」進化為「人格神」，掌管一小地方，如一區、一里、一鄰之事，是個小神，只能鎮壓小鬼怪，所以人們對土地公的祈求也不大。比方說希望祂坐鎮在街頭巷尾，或田頭田尾，求「興利發財」而已。雖然只是個小神，但在祂管轄地區內，也不能看輕祂，俗語說：「得罪土地公，飼無鷄」。就是這個意思。

台灣各地的土地公，真是多得無法計算，無論是走在街頭巷尾，田間鄉野，到處都可看到伯公廟，以斷定本省伯公廟之多，有如天上星辰，所以有「田頭田尾土地公」的俗諺。

台灣的諸神祭拜中，對土地公的信仰，人數最多。事實上，民間對土地公祭拜的信念，也隨著時代背景的變遷而逐漸改變，土地神不僅是農人祭拜的神，由於祂能使農人致富，而轉化為「財神」，目前的礦業、漁業、商業以及金融、建築業者，也都祭祀土地神，期望能從土地神的財富中，分享利潤。土地神的信仰意識，隨著時代社會的變遷，由司掌土地之神，而兼職財神，成為現代社會各階層人士普遍祭拜的神明。

民間傳說

伯公，原為對自然的崇拜信仰，而在中國的民間俗念中，總喜歡將神明予以人格化，而加以傳說讚揚。人格化的伯公是誰呢？其說法不一。流傳於民間的傳說甚多，下列摘要介紹幾種。

據說，伯公為周朝官吏，名叫張福德，為人公正，體恤百姓生活困苦，做了許多善舉，但他死後，接任的官吏，上下交征，無所不欲，民不堪言。這時，人民想到張福德為政之好處，念念不忘，終於建廟祭祀，取其名而尊稱為「福德正神」。

又說，在周朝，有叫張福德者，是當代上大夫的家僕。他的主人赴遠地上官就任，家中只留有愛女，其幼女思念心切，欲往見父親，張福德乃伴她千里尋父，途中遇到風雪，女孩受凍將死，張福德脫其衣保護她，她的性命雖然保住，張福德自己却凍死。臨終時，空中顯現「南天門大仙福德正神」九字，蓋為忠僕之封號。上大夫感念其忠誠，建廟祭祀。周武王贈號「后土」，後世稱為土地公。

又有一說，昔時一老翁，於路上拾得鶖卵一個，帶回家讓母鷄孵，孵出一條蛇來，老翁飼養於家中，不料有一天老翁外出時，該蛇闖出捕食鄰人鷄鴨，老翁知悉後，乃將蛇放逐於山中。但在此後，蛇經常加害人畜，皇帝則布令除其禍害，但是沒人敢冒險嘗試。此時，老翁遂奮勇而去，將蛇刺殺。老翁要求皇帝賜他為公，此後就司掌土地，而稱為土地公。

另有一說，昔時有位老翁，專精於農事，熱

心公益，溫厚篤實，指導人們灌溉耕作，廣教人民殖產，使人們從土地種植中獲得收益。死後人們紀念其恩澤而祭祀他，尊稱為「土地公」。

還有傳說，古代有一個人，名唐蕭，此人身體肥滿，死時留白髮黑鬚，其像貌有福德之相。生前，精於農漁，又經常救恤貧民，而其家財却從未因此而失。蓋因土地公的財富，必由天上源源而來，用之不盡。

「后土」在台灣民間即為守墓地之神，也是土地公。據傳秦始皇，築萬里長城，徵用天下壯丁。孟姜女的丈夫築城而死，孟姜女夫妻情深，爬山越嶺，萬里尋夫，聞知丈夫已故，悲痛交集，淚灑長城，以致城崩八百里，露出白骨無數，孟姜女難覓夫骨，忽見一老翁，謂：「妳咬破食指，血滴白骨，染血的就是妳丈夫的骨骸。」果然尋到夫骨。當她抱骨歸途中，漸生皮肉，似將生還，老翁恐死者生還有違天命，乃敎孟姜女說：「抱骨踏途不便，可以裝袋背負」。女依所言，遺骨鬆散，恢復原狀，孟姜女不悅，責怪老翁誤事，老翁慨允為其丈夫守墓土，這就是墓地前旁必有「后土」的由來。

從上述「土地公」人格化的形象來看，土地公心腸善良，溫厚篤實，樂於助人，這種形象便是「土地公」神像的來源。

神像慈祥

民間祭祀的土地公神像，都是一個形狀，一位白鬚、白髮、笑容可掬的老人，這種樣子的老人，也常見於人世間。雕塑的土地公像貌，似古時地方員外的打扮，頭戴錢帽，帽沿兩條布鬚下垂抵肩，穿的不是龍袍官服，而是普通的便服。面龐圓而豐盈，兩眼微瞇，滿腮白色鬍鬚，臉上露出慈祥仁厚的微笑，姿態大都採用坐姿，身坐太師椅，兩手自然平置於扶手上，右手執如意，左手拿元寶，兩肩微聳，或因年老稍駝，不見頸部，而挺隆的圓弧肚腹特別顯明，兩腿分開自然下垂。有些神像，右手執手杖，左手拿元寶。新建或改建的新穎神像，却穿上金碧輝煌的服裝，手脚都看不到。有的神像却是成對的，左邊伯公、右邊伯婆。

台灣各地的伯公，都像老員外狀。「伯公」祇算是俗稱，在伯公廟裏還有個官銜，叫做「福德正神」。有些伯公的神像邊，還會塑著一隻老虎，據說也能為民除害。台灣各地的伯公廟很多，因此伯公的塑像也不相同，至於家堂神畫中的伯公，也像老員外，坐在太師椅，手上捧著一隻元寶。

民間流行一個傳說，當玉皇大帝委派「土地公」下凡，保護老百姓，曾詢問祂有什麼抱負，「土地公」奏：祂希望世間的人，個個有錢，快樂過日。「土地婆」當面反對說：「這樣子不行。世間的人，應該有富有貧，富的富上天，貧的貧寸鐵，才能分工合作，發揮社會的功能。」土地公說：「那麼，貧窮的人，不是太可憐嗎？」土地婆再反駁說：「不然的話，以後我們的女兒出嫁，有誰來抬轎子呢？」土地公無話可答，遂放棄祂的抱負。因此世間才會發生貧富之別。現在一般的人，尊稱土地公為「福德正神」，備加尊敬。土地婆自私自利，亂出餿主意，當然不受歡迎，把她當作「惡婆」，大家都不肯供奉她了。

為此緣故，台灣地區的許多伯公廟，祇供奉「伯公」單身，不供奉「伯婆」。尤其是鄉間郊野的小伯公廟，都沒有祭祀「伯婆」。伯婆的塑像，通常都抱有一個嬰兒，好似註生娘娘。

到底「伯公」神像應該放在桌案上面，還是應該放在桌案下面奉祀呢？郎瑛的《七修類稿》收藏一段趣話：

明太祖朱洪武常常微服出巡，某一天，在路上碰到一個監生，二人相邀進入酒店，偏巧已經客滿，二人找不到空位，朱洪武回頭，看到店裏奉祀一尊「福德正神」，他把「伯公」神像拿下來放在牆壁邊地上，說：「你的桌子請讓我坐」，就和監生對飲，詢問監生說：「你那裏人？」監生答：「重慶」。朱洪武便出一題對子，請他對說：「千里為重，重水重山重慶府。」監生對說：「一人成大，大邦大國大明君。」二人歡飲而散。酒店主人把「伯公」移回桌上。

那一夜，夢見「伯公」對他說：「皇帝命令我坐在地下，你不要把我移在桌上」。據說不把「伯公」神像放在桌上奉祀，就是為此原因。

●土地公與土地婆。

現在台灣地區奉祀「伯公、伯婆」，不論祠廟或是人家，一律都鄭重地把神像，供奉在桌上。即使田頭田尾高不過一、二尺的小祠，不能擺設神案，也把神像放在石板或水泥台上奉祀。但是，有些較為偏僻地區的小伯公、沒有祠廟，僅在較大的樟樹或榕樹下屈身，「伯公」就坐在地上了。

據說，在中國許多地方，如河南、廣東等地，往往把「伯公」放在桌子下面。因此，焚香獻供，都很不方便，可是敬奉的人，都不覺得褻慢了「伯公」，安之若素。

祠廟最多

台灣各地寺廟，總以「伯公」廟最多，有極大的，氣派堂皇不輸一般廟宇，也有極小的，小到祇用四片石板，三片當牆，一片當頂，也可作為伯公廟。至於貧陋鄉村，伯公沒屋住，也無塑像，僅在一顆大樹底下，擺上石頭供奉伯公。在農業社會裏，土地公保佑土地平安，五穀豐收，與百姓生活息息相關，所以民間對伯公的敬意非常虔誠。

台灣民間普遍祭祀伯公，除了建有專祠供奉外，也在各廟宇中設壇祭祀，伯公又稱福德正神，廟祠分別稱為「福德宮」或「福德祠」，客家地區另有俗稱「伯公廟」或「伯公亭」。

台灣各地供奉土地公的方式，不盡相同，在客家地區，原則上是用一塊石板或木牌當作香位，上書「福德正神香位」或「福德正神神位」。有些則再供奉伯公，伯婆塑像，有如其他廟宇一樣，較簡陋的小廟，僅在牆上寫個「福」字，加上香爐，既無石牌、木牌，更無塑像。至於田頭田尾的伯公，更為簡單，寄居在樹下，當然無塑像，連香爐也沒有，一樣受到崇拜。

古老而典型的伯公廟，保存了濃厚的中原客家特色，大多數的伯公廟，都是用石塊鑿砌而成，伯公廟本身是石塊砌成的小屋，屋前有小小的石桌，小屋的正前方，圍牆邊另有一個小小屋，稱為「天神爺」（即天公）。伯公廟右側不遠，再蓋一間更小的小屋，或僅置一個石鑿香爐，稱為「好兄弟」。天公、伯公、好兄弟，正好代表中國古代的「天、地、人」三才思想，源遠流長，意義深遠無比，這種典型的客家伯公，保存得並不多，普通的僅供奉天公和伯公而已，有些祠廟則配祀「龍神」。

客家鄉村可能是台灣最盛行土地公信仰的地方，各鄉鎮伯公廟林立，甚至有許多緊鄰在一起，除了一村一鄰的公眾伯公廟外，不少農家有私人自行供奉的田頭伯公，所以在鄉間田野，到處都可以看到大小不一的伯公廟。

整年祭拜

台灣的神明崇拜中，伯公的信徒為數最多。由於祂是專司土地的神，而土地與人民生計的關係，最為密切，祂是地上農作物生長的神，是牲畜旺盛的保護者。一般的人都經常祭拜伯公，祈求伯公的恩賜。諸如家人生病、兒女參加聯考、男孩當兵、女兒出嫁、失物、車禍……等等，都到伯公前祈福，求其庇護，農家收成好，固然要歡樂一場，收成不好也得祭拜，以求來年。至於祭品，除了雞鴨、魚肉、糖果、粿類、水果、飲料、金紙香燭等都可膜拜，更不論初二、十六，隨時都可前往祭拜，尤其是靠近民家的伯公廟，每天早晚都有人前往燒香、奉茶。

當然，對於現代生活，那些天天大興土木，興建大廈、公寓、住宅、工廠、橋樑、道路等人們，對於土地公的敬畏依然，開工破土之際，免不了也要祭拜一番，期盼工程順利，人畜平安。

農曆二月初二，是伯公的誕辰日，這一天家家戶戶都要殺雞宰鴨，虔誠祭拜伯公、伯婆，土地廟多要演唱梨園，以祝「福德正神」千秋。又不只二月初二要祭拜伯公，八月十五日還要舉行一次祭禮。前者是春祭，祈求福氣，後者是秋祭，答謝伯公的庇佑。這種風俗，自古至今，未曾中輟。

不但是二月二日，八月十五日，要依例致祭，每逢初二和十六日，商家都有「做牙」祭拜伯公。因為伯公是商家的保護神，一般商家，每年農曆二月初二做「頭牙」（首次的牙），農曆十二月十六日是「尾牙」（最後次的牙），其他每月初二、十六都要分別做牙祭拜伯公，特別是頭牙和尾牙，祭典較為盛大隆重。除了商家初二、十六做牙祭拜伯公、伯婆外，一般農家都保持初一、十五拜伯公的習俗。至於逢年過節，伯公廟的香火更為鼎盛，家家戶戶都要準備祭品，虔誠祭拜伯公。

除了一般家戶、商家、農人都要祭拜伯公、伯婆外，村落林野到處也有人祭拜，可見伯公廟之多，崇拜者範圍之廣，可為各種神明之冠。甚至製造陰間天庭用的貨幣商（俗稱金銀紙商）還特別製售伯公專用的「福金」出售，供祭拜伯公的信徒用來燒給伯公。「福金」的紙寬約三寸，長三寸二，每張表面的金箔〇．五寸平方，十張裝成一束。另外，在路旁或田畔、橋頭等地方，常可看到竹枝挾著一束福金插在那裏，這是要獻給該地的土地公，祈求保佑，免除天災地變。

還有，在祭宗祠、掃墓、工程破土等，當祭祀開始之前，也總要先祭拜伯公、伯婆，叫做「祀后土」，一般墳墓旁邊，往往都有一個「后土」或「福神」的石碑，那就是一種土地公，負責保護該地安寧。

女媧娘娘

人類之母

女媧娘娘為上古女帝，為人類之母。女媧娘娘又稱女媧氏、女希氏、媧皇、地母。傳說，女媧娘娘姓風，是伏羲氏的妹妹。

中國古老神話裏，以女媧娘娘為造人者，也是中國人共同的最早的母親。女媧娘娘的形象，根據漢朝武梁祠的石刻畫像為人頭蛇身。

相傳，女媧娘娘先用手捏黃土創造了人，後來覺得太吃力又麻煩，便搓了一條長繩，投入爛泥中，拉甩起來，泥漿濺開，乃化作了人。

她並制定嫁娶的禮節，男女通婚，繁衍子孫，規定同姓不婚；又製作笙簧，以教化人類。

又相傳，共工氏與祝融氏戰爭，共工氏失敗，一頭撞頂天支地的不周山，天柱折斷，地也維缺。不周山被撞壞後，半邊山坍了下來，地也凹陷下去，女媧娘娘就煉取五色石將天嵌補起來。然後，她再燃燒蘆草，用蘆灰去填地洞，將低地填高。

地母

女媧娘娘也被奉為地母、地母又稱無上虛空

地母，大道玄玄虛空地母、無上虛空地母無量慈尊，據《地母真經》說：「盤古初生我當尊，陰陽二氣配成婚」，又「天君本是玄童子，他聾我啞配成雙」，此說為地母與盤古同時生，較傳說先盤古，再天、地、人三皇、神農、伏羲、女媧等有所不同。

●在古老的神話裏，以女媧娘娘爲造人者。

在原始時代的人民看來，土地是一種生物，土壤是它的肌肉。岩石是它的骨骼。在許多神話傳說中，稱天為「天父」，稱地為「地母」，因為它能生養萬物。

「地母」的觀念，或許發生於古代人類脫離狩獵生活，進入農耕時代吧！崇拜地母，它的宗旨有二：

㈠祈求五穀收穫的豐盛。

㈡農民當鋤頭入土內，建築物的基礎插入土中時，一定招惹地神動怒，所以祭拜「地母」，以平息地神的忿怒。

又說，女媧娘娘開天闢地後，有東王父和西王母，就是人們所稱的天父和地母。

女媧娘娘為人類的始祖，但民間視其為補天女神。由於天空像傘，所以傳說女媧娘娘是補傘能手，因此造傘業者奉女媧娘娘為祖師，另外絲綿的紡織界也尊奉她為保護神。

台灣地區主祀女媧娘娘的廟宇有十座，最重要的為宜蘭縣壯圍鄉的補天宮，正月廿日為女媧娘娘的聖誕。客家習俗稱這一天為「天穿日」，各行各業都要停止工作一天。至於以天父、地母為主神的廟宇僅有一所，位於南投縣埔里鎮。但是有些廟宇却配祀著地母。

東嶽大帝

陰曆三月廿八日，是東嶽大帝的生日。民間相傳，東嶽大帝是掌管人生壽命的神，凡人死後，第一關就是要向東嶽大帝報到，驗明正身之後，再發送到十殿閻王那裏開始受審。為此，民間對東嶽大帝的奉祀特別虔誠隆重，有病痛時更是頂禮有加。東嶽大帝生日時，進香者也絡繹不絕。

山岳崇拜

山的崇拜，自中國古代就已開始。《書經堯舜》：「禋於六宗」。所謂六宗就是日、月、星、河、海、岱。岱就是指泰山。古代帝王常來泰山封禪，也就是說祭天和祭地，後來視泰山為神。

中國古代稱國境四周為四海，分境內東南西北高山為四嶽，即《詩經大雅》所云：「東嶽岱，南嶽衡，西嶽華，北嶽恆。」今人所謂五嶽則加中嶽嵩山。古代五嶽之祀，實為自然崇拜中的山岳崇拜。

東嶽泰山，簡稱岱，又稱岱山、岱宗、岱嶽、泰山。《書傳》載：「東嶽，岱」《書舜典》：「東巡守至岱宗」，並傳為「岱宗，泰

●相傳東嶽大帝是掌管人生壽命的神。

山，為四嶽所宗」，就是指泰山。山岳神格化之後成為東嶽大帝，一般則稱為「東嶽泰山天齊仁聖大帝」。

泰山屬於陰山系，起於中國山東膠州灣西南，西行，橫亙五省的中部，盡於運河東岸，稱泰山脈。主峯在泰安縣北，以大人峯為最高，世以為五嶽中的東嶽。古代帝王接位，必來此封禪為大典，以祭拜天地。復因泰山的莊嚴，故視泰山為神。泰山為中國五嶽之首，東嶽廟內祀引蒙、乳母、子孫、天仙、眼光、催生、培姑、送生九神，總稱九娘娘。

東嶽大帝是五嶽帝之一的泰山。中國寺廟有奉祀五嶽中之一神，亦有供奉五尊神像者，稱為五嶽神。東嶽之神稱為東嶽大帝，另有稱嶽帝爺、仁聖大帝、天齊王、泰山王、泰山府君，或稱天都府君、泰山元帥。也有另外一說，東嶽大帝即太歲真人，姓歲名崇其，或說就是岳飛。考泰山府君確有其人，據《夷堅志》載：「孖黑、石倪、徐楷相繼為泰山府君。」

陰司主神

民間相信，東嶽大帝居於陰陽兩洞，執掌人間福、祿、壽考，貶惡懲奸，為陰間十殿明王首席，也是地府陰司的主神，乃將現世作惡未敗露者送入地獄，因此民間對東嶽大帝極具敬畏。

《封神傳》稱：「泰山為五嶽之首」，《書傳》稱：「泰山為四嶽之宗」。《封神傳》又說：「黃飛虎為東嶽泰山齊天仁聖大帝，並指令黃飛虎為五嶽之首，總管人間吉凶禍福，執掌幽冥地府十八重地獄，凡一應生死轉化人神仙鬼，俱從東嶽勘對，方許施行。」《史記正義》說：「泰山上築土為壇以祭天，報天之功，故曰：『封』；泰山下小山上除地，報地之功，故曰：『禪』。」而神道屬天，鬼道屬地，皇帝都在泰山報天報地，顯然泰山是有神有鬼的。

帝王封禪

帝王「封禪」的心理也是很微妙的，他是藉此以明示天下，自己的政權已樹立，得到天意的支持，表示君權神授。另一方面也相信泰山是死人魂魄歸宿之地，泰山的東嶽大帝是主管人命長短的，因此帝王一方面詔告天下自己政權是合法的，另一方面也向東嶽大帝祈福祈壽，以便永享尊貴。

帝王封禪是有求於東嶽大帝，便以加封勅號為回報，像唐明皇封禪泰山，加號「天齊」；宋大中祥符元年封禪畢，詔加號泰山為「仁聖天齊」，五年，又加「天齊仁聖帝」。元朝至元十八年，詔加「天齊大生仁聖帝」，可見帝王封禪時以封號行賄的勾當。

大凡為求長壽，免他人傷害及火災，免辛勞而致富，免兵刃之災，想致富享福祿者，都祭祀五嶽帝。台灣奉祀五嶽神的廟宇，共有六所，除了新竹市的東寧宮外，尚有宜蘭市的東嶽廟，苗栗縣的東嶽府、五福廟，以及台南市的東嶽殿和二天府，都是起源極早，香火鼎盛，信徒眾多。

太陽星君

日神

「太陽星君」，中國古代稱為「日神」，或「大明之神」，台灣地區則稱為「太陽公」或「太陽菩薩」，即太陽神。

原始時代，最引人類驚愕的恐怕無過於晝夜的輪流更替。太陽能給人類溫暖、光明和生命，人類自然更是崇拜與禱告，所以原始人無不崇拜它。這也是世界普遍的現象，如埃及人拜日，大不列顛人祀太陽，都保存這種原始而古老的信仰。

拜日

有關「太陽神君」的祭典，早在炎帝神農氏的時候就已經開始，從此以後，帝堯命官以春分朝日，秋分餞日，周制且帥諸侯朝日於郊，相沿到了清代，可見拜日朝日之禮，每個朝代都非常重視，沒有一個皇帝敢疏忽，朝廷尚且如此，民間的崇拜更是虔敬。

台灣民間對「太陽星君」的崇拜，比中國其他地區似乎沒有分別，同樣是感謝四季的恩惠而祭祀；在台灣崇祀太陽星君的廟宇不多，以

●古代稱爲「日神」的太陽星君。

農曆三月十九日為太陽公生日。在他們的心目中，「太陽星君」是一個天生的醜男子，都認為祂不願意世人看見祂的面孔，誰要看就用針刺誰的眼睛，所以直對「太陽星君」看，就會目眩；最有意思的，是把「太陰娘娘」當作「太陽星君」的夫人來奉祀呢！

太陰星君

夜明之神

「太陰星君」，在台灣地區稱為「月娘」或「太陰娘娘」，也有稱「太陰菩薩」；中國古代則稱之為「月神」，或「夜明之神」。民間以農曆八月十五日「中秋節」為「太陰星君」的誕辰。

有關「太陰星君」的祭典，在上古，也和「太陽星君」一樣，歷代帝王祇要有「大明之神」的祭典，便同樣也重視「夜明之神」的祭典，民間自然也不會例外。

賞月團圓

台灣民間也和中國的民間一樣把「太陰星君」看成嫦娥，不過，他們還認為「太陰星君」是一位絕色美人，所以非常喜歡人人都欣賞祂，也就因為這個緣故，八月十五日的「太陰星君」誕辰祭，都在入夜以後，面對當空的皓月，家家戶外園院，排設香案，點上一對紅燭，供上四色鮮果，焚香膜拜，氣氛十分虔誠，而又帶有幾分閒情逸致之感。此外，還有賞月會，一家大團員，或筵款親朋，在皓潔月

●台灣地區稱爲「月娘」的太陰星君。

色的籠罩下，共度良宵，另外有博狀元餅、聽香等風雅韻味的趣事。

還有，台灣民間流行的一篇〈太陰星君經〉，據說：每月十五、十六兩日，趁太陰團圓之夜，齋戒焚香，誦念十遍，合家清吉。台灣供奉太陰星君的宮廟不多。傳說，孩子營養不良、多病，向太陰星君祈禱，很靈驗。

南斗星君

南極仙翁

在自然界的鄉土神明當中，有一位主福壽的南斗星君，據說南斗星君就是南極老人、南極大帝，又稱為南極仙翁。

考證其源流，三者各不相同。南斗星位在南方，為六星組成，形狀似斗，所以名叫南斗。《史記大觀書》註：「南斗六星，在南也。」，星徑謂：「南斗六星，是主天子壽命，亦云主宰相爵祿之位。」楊烱〈渾天賦〉謂：「南斗主爵祿，東壁主文章。」

福壽之神

南極星又稱壽星、老人星、南極老人星、南極老人。

《史記封蟬書索隱》說，壽星，就是南極老人星，奉祀祂求祈福壽。《後漢書天志》說，老人星叫做南極。《史記天官書》說，狼比有大星，叫做南極老人。杜甫有一首詩說：「南極老人自有星，北山移文誰勒銘。」

根據上面所說，南斗有六星，主福壽，南極則一星，主福壽。至於南極仙翁，則俗喻人們的長壽，既非南斗星，也不是指南極星。

南斗星與南極星皆為自然界星辰，民間相信，這些星辰具有決定人類命運的超自然力，

而作為「壽」神崇拜。台灣崇拜壽神的寺廟有台南縣新市鄉的天一堂，高雄縣阿蓮鄉的南安宮，宜蘭縣冬山鄉的振興堂等。

●福壽之神——南斗星君。

魁星

魁星，又名魁星爺、大魁夫子、大魁星君，為讀書士子的守護神。

星宿崇拜

我國對北方聚成斗形的七星統稱北斗。魁星原是北斗七星的第一至第四顆星，這四星為魁，其餘三星為杓。魁星的形狀，完全是根據字形而來的，一個「鬼」，踢著一個「斗」。戲劇上的魁星，也是同樣造型。

顧炎武《日知錄》裏說：「今人所奉魁星，不知始於何年？」可知明代已很流行。顧氏並說：魁星實為「奎星」，因為奎是「文章之府」。

人們在遊覽古跡時，有時會看到魁星樓、魁星閣之類的建築，許多人對這「魁星」的來路不甚了解，但一提起「五魁首」，怕是人人皆聞，這是喝酒划拳時常用的酒令。這「五魁首」就與「魁星」有關。

「五魁」，即「五經魁」、「五經魁首」。明代以五經即「詩」、「書」、「易」、「禮」、「春秋」取士，每經所取第一名叫「經魁」（「魁」為「首」意）。鄉試中，每

●科舉之神—魁星。

科前五名必須分別是某一經的經魁，故稱「五經魁」，簡稱「五魁」。而這「魁」字，則源於古人的奎星崇拜。

奎星（宿）為二十八宿之一，是西方的白虎七宿的頭一宿，共包括十六顆星，奎星被古人附會為主管文運之神。所謂「奎主文章」。說它屈曲相鈎，似文字之畫。因「魁」與「奎」同音，並有「首」意，所以代替了「奎」字，出現了「經魁」、「五魁」等名目。古代，狀元又稱「魁甲」，解元又稱「魁解」。

科舉之神

「魁」字後又被一些人望文生義，加以曲解。說什麼「鬼搶斗」、「鬼之脚右轉如踢北斗」，從而魁星被形象化——其實就是「鬼」化。它被描繪為一赤髮藍面惡鬼，立於鰲頭之上。一脚向後蹺起如大彎鉤，一手捧斗，另一手執筆，表示在用筆點定中試者的名字，這就是「魁星點斗，獨占鰲頭」。這幅尊容被讀書人視為神明，並以為高中之兆。

「獨占鰲頭」是有由來的？皇宮大殿台階正中石板上，雕有龍與鰲（大龜）。唐宋時，考中的進士要站在台階下迎榜，為首的狀元則榮幸地站在大龜腦袋上，故曰「獨占鰲頭」。

學而優則仕，是封建時代的金科玉律。魁星掌管著文人們的榮辱成敗，自然非同小可。儘管它鬼裏鬼氣，卻極受讀書人崇拜，有些人在考試時，在座右貼上魁星像。有的還在懷裏揣上泥塑小魁星，以求神明保佑，文運亨通。

舊時讀書人，雖自稱為孔子的信徒，同時卻也崇拜文昌等神。這種神一共可以湊成五位，在台灣叫做「五文昌」。五文昌是指文昌帝君、文衡帝君（關公）、孚佑帝君（呂洞賓）、魁星和朱衣五位。

自古以來，稱狀元及第為「大魁天下」，因此，讀書士子都奉祀魁星，冀求科試及第的榮譽。古時習俗相沿，七夕晚上，讀書士子置酒歡飲，稱為「魁星宴」。這一天據說是魁星的生日。有所謂「魁星會」，由塾師領導弟子向魁星設祭行禮，而造型看起來跳跳蹦蹦的魁星，也就被稱為「魁星夫子」了。祭拜魁星，據說還要以一個狗頭做為祭品，因此就有「屠狗祭魁成底事」的詩句。

七娘媽

織女星

七夕，是台灣最有詩意的節日之一，在這天，牛郎織女會成為民間傳誦的佳話，而眾所熟知的織女，也正是自然崇拜裏所尊稱的「七星娘娘」，祂是兒童的守護神。七星娘娘，民間俗稱為「七娘媽」，每年的農曆七月初七為祂的誕辰，所以，在七夕這一天，民間莫不膜拜祈福，尤其祈求祂護佑家中兒童的平安成長。

七娘媽，又稱七星娘娘、七仙姊、七仙姑，七星就是北斗星的總稱，道家名之為天罡。七星娘娘是否為這七星的配偶，還待研考。至於七娘媽，有的說指牛郎織女而言，有的說僅係織女星。

《台灣通史》謂：「子女年十六，祀織女、祝成人，七夕夜祀雙星。」其故事就是牛郎織女七夕相會於鵲橋。

七娘媽原來是由於天上的牛郎織女兩星的神話演變而來的。「七夕」是農曆七月七日之夜，相傳是夜牛郎織女兩星相會。

台灣民俗所流傳的牛郎、織女的神話內容略

述如下：

「織女星居天河東邊，是天帝的孫女，美麗、善繡花和織布。有一牽牛郎居天河北邊，勤於耕田。天帝因此感動，將織女嫁給那牽牛郎。想不到兩人婚後都懶惰，也就是說男不耕，女不織。天帝因此激怒，立刻把他們分開，各居天河兩岸，一在南，一在北，只許他們一年一次於農曆七月七日夜，渡河相會。」

七娘媽就是織女星被人格化的神明。原來是天上的星宿，一變而比方做地上的人物，就是帝王和他的公子或台灣所傳的帝王的孫女。原來是「天河不得渡」，後來變為鵲羣填河，最後互相會合。這種神話在台灣演變成為七娘媽，能保護兒童平安和健康的神。

兒童保護神

台灣各地，以這天為七娘媽的生日，家家戶戶，要在黃昏時候，在門口拜七娘媽。七娘媽成了兒童的保護神，拜七娘媽時，要有「七娘媽亭」（是一個紙糊的亭子），這七娘媽亭要在祭祀以後，和金紙、經衣一起焚化，祭品中還要許多鮮花，並且還要湊上人造的花。

此外是香粉、胭脂，這些花果和化粧品，在祭拜以後都要投向屋頂，以俟七娘媽取用。還有鷄酒和油飯，也是不可或缺的祭品，祈求多子多孫。

一般人家，惟恐孩子長不大，在週歲時，在「七娘媽」前許願，祈求祂保護，用銅錢加上紅線求賜得「絭牌」，帶在頸間，叫做「帶絭」，功用是辟邪納福，順利長大成人。

七月七日這天，假使孩子已長至十六歲者，算是成年，便要準備麵線、肉粽及「七娘媽亭」，隆重禱祀，在七娘媽前「脫絭」，用牲醴等祭品還願，叩謝一番。祀後，燒金紙、經衣、焚獻「七娘媽亭」，並解去絭牌。而七娘媽也成為保佑兒童的女神之一。

台灣奉祀七娘媽的廟有四處，最古老的是台南市中山路的開隆宮，創建於清道光三年。每年七月七日例祭時，各家婦女携子女前往祭拜，甚為熱鬧。

做十六歲

●傳說七娘媽能保護兒童平安與健康。

農曆七月七日，台南市名利開隆宮熱鬧非凡，府城鄉情濃郁，家長們紛紛帶著剛年滿十六歲的子女，一方面仿古俗「做十六歲」，一方面祭拜七娘媽，答謝神明庇佑子女平安長大。

相傳七娘媽是兒童的保護神，這七娘媽都喜歡住華麗的樓亭，並喜愛梳粧打扮。農曆七月七日是七娘媽誕辰，古都台南信仰氣息濃郁，幾乎家家舉行拜拜，備牲醴、鮮花、果品，並焚燒七娘媽亭，還將脂粉放在屋頂，為七娘媽祝壽。

據說，「做十六歲」的習俗，起源於清末府城，當時台南為中國與台灣貨物的集散地，許多碼頭工人為各行郊搬運貨物，這些人家，養育孩子到十六歲，就可幫助父親搬貨，以助家計。未滿十六歲僅能算半工，滿了十六歲就可領全額工資。在府城台南，家中有兒子滿十六歲，即隆重慶祝一番，特別是選擇七娘媽生日這天，到廟裏祭拜表達謝意。而有「做十六歲」古俗傳襲至今。而這種做十六歲的習俗，似乎只有世居台南，道地的台南人才時興這套習俗，而形成府城地區特有的民情風俗。

因此，每年農曆七月七日，婦女們就帶著剛滿十六歲的孩子，在七娘媽廟前廣場，由大人們高舉著七娘媽亭，讓子女們自下方繞行三圈，再鑽入亭下，完成儀式，然後焚獻金紙、香燭及七娘媽亭。

值得一提的是，過去「做十六歲」習俗，僅適用於有壯丁的家庭，但流傳迄今，因男女平等，女孩也依樣畫葫蘆。

乞巧節

民間還有所謂「乞巧」的風俗，就是女子在香案前焚香禱告，向天乞求賜給像織女那樣靈巧的手，所以才叫做「乞巧」。還有所供的胭脂和白粉，一半要灑向天，一半留下自己用，據說如此，可以使自己變得更美、更巧，美如天仙。

民間對七夕的崇拜，也以織女的巧織而名為「七巧節」或「乞巧節」，所以也為一般婦人家所虔敬，期待有個好手藝或求得美麗的好預兆。這些民俗，應也是婦女人家相當有意義的傳說，畢竟，美麗與巧藝都是傳統中國婦女所追求的，現今的女性何嘗不然？

對「七娘媽」的崇拜，民間多與七夕並提，而七夕所傳誦的牛郎織女的故事，尤為大家所樂道，甚至民間也以祂們在這天相會的日子，議為中國情人節。

三官大帝

宇宙之神

三官大帝即俗語所謂的三界公，是宇宙之神。所謂三界乃指「天」、「地」、「水」三界，原來是自然崇拜，人格化後成為靈魂崇拜。

在道教的神格裏，三官大帝之位僅次於「玉皇上帝」，民間奉祀專廟與神像者不多，一般只在各道觀懸掛錫爐禱祭，這錫爐便是善男信女一般所謂的「三界公爐」。

三官廟所供神明是三位一體，就是天官、地官、水官，合稱「三官」或「三元」。三官信仰源於原始宗教中對天、地、水的自然崇拜。在早期道教中，三官是十分顯要的神明。三官的功能是：天官賜福、地官赦罪、水官解厄，因與人的禍福榮辱密切相關，故受到廣泛崇奉。這是中國古代自然崇拜的遺物，北方各省這種信仰已經衰微，可是福建和台灣還十分盛行。台灣以奉祀「三官大帝」為主神的廟宇，只有七十幾座，其中以新竹縣最多，有十六座。

三官為天、地、水三官的簡稱，合稱為三官

大帝，或三官上帝。中國各省以稱「三官老爺」居多，台灣有些地方稱為「三界公」。

三官大帝為上元賜福天官一品紫微大帝，中元赦罪地官二品清虛大帝，和下元解厄水官三品洞陰大帝的總稱。

三官大帝的誕辰日：

天官為上元——即正月十五日。

地官為中元——七月十五日。

水官為下元——十月十五日。

每年正月十五日上元節，信徒要向三官大帝舉行祈福，祈禱國泰民安，農工商各業繁盛，以及六畜興旺。因三官大帝的生日分別在上元、中元和下元，所以三官又叫做「三元大帝」。

三官的命名

三官的名稱，據說從東漢末年才有。初創於宋景濂的跋揭，繼而有張修的太平道和張道陵之孫張魯的五斗米道，他們也以天、地、水為三官，也稱三元。

《三國志．張魯傳》曾說：光和中，有張角，修為五斗米教，為病者請禱之法，書病人姓氏，說服罪之意，作三通：其一上於天，著山上，其一埋之地，其一沈於水，謂之三官手冊；使病者出五斗米為常，故號五斗米師。

張角為東漢時黃巾賊首領，而張魯據漢中將近三十年，自稱天師君，繼續傳佈他祖父張道陵父張衡的道，張角曾經歸附過他，那五斗米道當然就是師承張魯的三官了；無怪黃巾賊舉事時，也比照張魯的三元，張角自稱天公將軍，張寶稱地公將軍，張梁稱水公將軍了。

三官的職別

傳說這三官大帝係奉玉皇大帝委任，分別管轄天、地、水三界。天官司管人間之福，即所謂的「天官賜福」；地官司管人間罪惡，即所謂的「地官赦罪」；水官司掌人間災惡的解除，即所謂的「水官解厄」。三官分別司察人世間的善惡，保護眾生，極為民間善信所崇拜。

另有一說，天官管神明界，亦即「天界」；地官管「人界」；水官管「陰界」；三官奉玉皇大帝的命令管轄上下縱列三界，故又稱為「三界公」。

堯、舜、禹化身為三官大帝

民間另有一說，認為三官大帝便是堯、舜、禹三位皇帝。因堯愛民如子，禪讓帝位，至仁感天而為「天官」；舜侍父母至孝，墾地開荒而為「地官」；禹治水功高，德被百姓而為「水官」，合稱為「三官大帝」。以堯、舜、禹為三官大帝，是民間百姓對先聖先賢的豐功偉業，甚為緬懷，認為他們死後昇天成神，大家祭拜以求福蔭。關於堯、舜、禹三位皇帝的歷史故事，民間流傳十分普遍。

在祭祀上，堯被尊稱為「天官大帝賜福神」，在道教被奉為「上元一品賜福天官大帝」，位居紫微宮，頭上戴著冕旒冠，巍然高坐在檀香金龍椅上，身上穿黃龍袍，手執朝天笏，慈眉善目，令人如沐春風。傳說上元夜，堯帝會下凡到人間賜福，以表示上天愛民之德，他賜福的對象，大都是能普施仁德的人。所以在正月十五日上元這一天，民家廳堂，必定懸掛「天官賜福神」的軸圖，夜裏兒童提著花燈遊行，迎接天官賜福神下降。

道教奉舜帝為「中元二品赦罪地官大帝」，也是頭戴冕旒冠，位居清虛宮，身穿紅龍袍，手執玉笏，藉著「監察神」、「八方神遊」、「三尸神」呈報人間的罪惡，來判決如何補過、赦罪，中元節也是他下凡間赦罪之日。

舜帝事親至孝，因此中元節又叫「孝子節」，這天家家戶戶殺雞宰鴨，燒香祭拜祖先，同時各家在廟埕上，擺上祭品拜陰間的鬼魂，這種祭拜祖先推而廣及孤魂野鬼的活動，稱為「中元節」。

道教還尊奉禹帝為「下元三品解厄水官大帝」，居清華宮，身穿紫龍袍，手執玉笏，民間以為下元節是禹帝下凡人間為民解厄之日，下元節又叫「消災日」，這天家家戶戶備香燭牲品到神廟上，拜祭水官大帝。民間如有人夫婦不合、子女凶病等，就在神桌上擺放紙紮凶神、惡煞，延請道士誦經拜水官大帝，完畢之後，再把紙紮的凶神、惡煞燒化，將灰燼拋到河裏去，俗語云：「凶神一走萬事安，惡煞歸宿總太平」。

三官中以天官影響最大。人人追求幸福，所以賜福的天官倍受歡迎。天官形像大量出現在年畫和民俗畫中，是一品大員模樣，龍袍玉帶，五綹長髯。天官又常與員外郎（表示官祿）、南極仙翁（表示長壽）在一起，合稱「福祿壽」三星。過春節時，許多人家喜歡在中堂掛上三星圖，表示三星在戶，喜慶滿門。

三官大帝的由來

有關三官大帝的由來，除了上述之外，還有下列幾則說法：

一、道家傳說：「元始天尊」有三個兒子，長子名叫「上界」，次子名叫「玉皇上帝」，三子名叫「清虛大帝」；上界是四福天官，管理神界；玉皇上帝稱紫微大帝，乃在上界之王；清虛大帝就是所謂三官大帝，也就是在下界治理民眾的神。

二、三官原是周幽王時的三位諫臣，唐宏、葛雍和周武，死後成神為三官大帝。

三、《三教搜神大全》則說，龍王的三個公主同時看上了美男子陳子禱，一起作了他的夫人，並各生了一子，長大後被封為三官大帝。

四、《歷代神仙通鑒》又載，元始天尊分別在正月十五、七月十五和十月十五各吐出一個嬰兒，這三子長大就是堯、舜、禹。此三人在創世之功，成為「萬世君師」，被封為「三官大帝」。

台灣地區奉祀「三官大帝」的廟宇，大多在漳州、泉州和客家移民聚集的地方，祂的誕辰祭典，十分的虔誠，僅次於玉皇大帝。

俗語云：「天官好樂，地官好人，水官好燈」，上元、中元和下元是天官、地官和水官的祭日，一般也叫做「三界公」的誕辰日，當天一般民眾慶祝三官大帝生辰的同時，也祈求三官大帝賜福消災。

水仙尊王

航海者的守護神

水仙尊王或簡稱為水仙王，為航海者的守護神，素為沿海民眾、漁民、貿易商人所崇信。水仙尊王為祀夏禹。因夏禹治水有功，後世祀為水神，並為航海守護神。水仙尊王，除夏禹為主祀，並配祀伍子胥、屈原、王勃、李白四位為合神，航海業者都崇奉。

水仙尊王就是海神，《海上紀略》說：「水仙者，洋中之神。」原來是水神或海神，因迷信驅使而編出神話，把水神或海神人格化了。

划水仙

據說，昔日往來中國和台灣之間的帆船，在海上遇到風險，如果「划水仙」就得脫險，平安靠岸。那麼「划水仙」是什麼呢？船舶在海中遇到風險，船員和乘客都要眾口一齊作鑼鼓之聲，各人手裏拿著一支筷子，好像在比賽龍舟般，虛作划船的樣子，就得脫險平安靠岸。所謂「划水仙」，就是求救於水仙王。

郁永河著作《採硫日記》說：「划水仙者，眾口齊作鑼鼓聲，人各挾匕箸，虛作掉船勢，如午日競渡狀。凡洋中危急，不得近岸則為之。」

因此，昔日的船員或郊商（進出口商）都很信奉水仙王，並在主要的港口，建立廟宇，奉祀水仙王。

水仙王——夏禹

到底水仙王是誰呢？現在各地的水仙王廟，有奉祀一尊神像，也有並祀五尊神像，面貌裝束，亦各不同。據《台灣縣志》說：「水仙廟……在西定坊港口祀大禹王，配以伍員，屈原、王勃、李白……。」《淡水廳志》說：「水仙官，一在艋舺街乾隆初郊商公建，祀夏王。」

可見水仙王廟是以夏朝大禹王為主神，以伍員、屈原、王勃、李白等四人為配祀之神。

古代，中國山西南部河水常常氾濫。帝堯時代，曾起用禹的父親鯀來治理洪水，他採用圍堵方法，建造堤防來堵截洪水，但是常被洪水衝毀，因此水害不息，人民的生命財產損失無數。到了舜帝，起用鯀的兒子禹來治水。他改用疏導的方法，開掘河道，化了十三年的功夫，走遍了全中國，才把洪水平定。禹治水成功後，當舜帝將死，把帝位讓給禹，禹登位後改號為夏。因為禹治水，曾建立大功，所以一般人把他當作水神來奉祀。這是水神的人格化。他的誕生是農曆十月十日。

一位水神配祀

●航海守護神—水仙尊王。

因為夏禹治水，曾建立大功，一般人把他當作水神奉祀，固然是順理成章的事。那麼，伍員、屈原、王勃、李白四人，為什麼也被看作水神，配祀於水仙王廟呢？

伍員字子胥，是春秋時代楚國的人，他的父兄被楚平王所害，他逃往吳國，後仕於吳，因諫阻吳王被大宰伯嚭奏害，由吳王賜劍自戕。死後他的遺體由吳王的命令，拋落於江中。

屈平字原，別號靈均，是戰國時代的人，很有才幹，頗受楚懷王重用。因此上官大夫靳向，懷恨他的才能，暗中在懷王的面前，說他壞話，因此懷王漸漸疏遠屈原。屈原憂愁幽思，做了一篇〈離騷〉，以求懷王反省，不料懷王終不反省。懷王死了，襄王繼任，依然重用奸臣，把屈原放逐到長沙，屈原忠心烱烱，沒有一時不擔憂王室的前途，寫了九篇文章，以明心志，後來見志不達，於是最後又寫了〈漁父辭〉，在農曆五月五日，投入汨羅江（今中國浙江錢塘江）自盡。

王勃字子安，是絳州龍門人，少年有才氣，六歲便能作文，還沒成人，才名已揚聞於京邑。他的文思極快，下筆成章。他最著名的作品之一〈滕王閣序〉，就是在筵席中，一氣寫成的。可惜天才短命，年廿八歲，往交趾看他父親，溺死於南海。

李白字太白，是唐朝時候四川昌明人，漢代名將李廣的後裔，號曰酒仙翁，又號海上釣鰲客，因為生於青蓮鄉，所以又號青蓮居士，唐玄宗召他入翰林，很敬重他。他係天才詩人、好酒。一般傳說他駕舟到采石磯賞月，因為酒醉，要捉拿水中的明月而溺死了。

上述這四人死時，與水有密切的關係，並且是忠臣，又是有才能的人，所以一般把這四人奉為水神，配祀在水仙王廟中。

昔時，海上交通不大完全，各地郊商為祈求水仙王的保護，每年農曆十月十日水仙王誕辰，都要盛大舉行祭典。現在台灣的水仙王廟，計有十一座，以澎湖四座為最多，而台灣最早設立的水仙王廟，是台南府西定坊港口（今台南市神農街一號）的水仙宮。

火德星君

火的能力，足以益人，能使人獲得溫暖和光明，可是也足以禍人的。當火焰能熊，無論遇到什麼東西都會吞下去，然後在煙霧中把燼餘的東西噴出來的時候，使見者誠不能不肅然畏怕。因此，原始人也以為是有神靈在內，所以就去崇拜它了。火又被認為是清潔，因而崇拜它。波斯人的拜火教是由此而來的。

火神傳說

火德星君就是火神。關於火神有下面幾種說法：

●相傳火德星君爲炎帝神農氏之靈。

《蟬林象器箋》謂：「火德星君為炎帝神農氏之靈，祀之為火神，以禳火災。」

《史記》謂：「火神為祝融，顓頊之子，名黎。」

《廣雅》謂：「火神為遊老。」

《國語》謂：「火神為回祿。」

中國古代已有祭星辰的習俗。「熒惑」就是火星的別名。故祭火星，就是祭「熒惑」。古代人祭祀「熒惑」為五天神之一。五天神就是青帝居東方，赤帝居南方，黃帝居中央，白帝居西方和黑帝居北方。

中國古代祀火神，始師帝堯。《史記》載：「帝堯陶唐氏命遇伯長火居商五祀大辰。」辰即大火，也就是說火祖，就是火的祖神。

那麼，火祖是誰呢？《漢書五行志》記載：「帝嚳有祝融，堯時有閼伯，民賴其德，以為火祖，配祭火星。」意言當時黃帝的曾孫帝嚳時代有火官（掌祭火星、行火政之官）名祝融，帝堯時有火官名閼伯，因百姓感念他們的德行，奉祀他們為火的祖神，配祀火星。

風伯、雨師

中國的民間信仰，建立在自然崇拜的人鬼信仰的兩大基石上。自然崇拜就是相信自然界的物體與現象都有神鬼存在，而加以崇拜。因此，風雨雷電等自然現象，都加以崇拜。

古時候，常常發生人力不能控制的天災，所以老祖宗對大自然充滿敬畏和崇拜的心理，他們認為日、月、風、雨都是神仙，因為無法解釋大自然的現象，所以也產生了很多的神話。

「風伯」又稱「風神爺」，或稱「風天王」；是自然崇拜中無機界自然崇拜的神，據說是二十八宿的箕星。

●風伯相傳是二十八宿的箕星。

「雨師」，又稱「青龍爺」，或稱「司雨之神」；也是自然崇拜中無機界自然崇拜的神，是二十八宿的畢星。

「風伯」、「雨師」的祭祀，早在周朝就已經開始了。帝王所以祠祭「風伯」、「雨師」，是由於風雨養成萬物，有功於人類，以報答其功勞。

「風伯」、「雨師」的名號很多。傳說中，「風伯」的頭像狗一樣，「雨師」是溫文儒雅的讀書人。不過，民間却認為風雨神是唐朝最有名的將軍李靖變成的。

至於民間崇祀「風伯」、「雨師」，以往多在淫雨的期間，尤其是每逢旱災的年成，地方官率地方父老焚香膜拜，虔誠禱告風雨及時降臨，誠如宋朝蘇軾詩所說的「風調雨順百穀登」。

●雨師據說是二十八宿的畢星。

雷公、電母

先民對自然現象，如風、雨、雷、電，常產生恐懼的心理，故創造出許多屬於自然崇拜的神祇，各神司管各職。於是，民間以「風神」司掌風，以「雨神」管理雨，「雷公」、「電母」分掌雷、電。

台灣屬於海島型氣候，夏日多有颱風過境，且早年移民全靠海運，船隻行駛於海上，總希望能「一帆風順」，最怕暴風雷雨時時侵襲；而台灣居民，多半以農墾種植為業，無時無刻不祈求「風調雨順，五穀豐收」，所以台灣民間亦有風、雨、雷、電等神的崇拜。

●雷公。

●電母。

五雷元帥

「雷神」，民間俗稱「雷公」，或稱「五雷元帥」、「雷公鳥」、「五雷神」等。

民間總把「雷公電母」並稱，大家稱「電母」是「雷公」的太太，專門掌管閃電一職。

相傳雷公視力不好，難以辨別黑白，所以在祂打雷之時，要靠祂的夫人「電母」，先用大鏡子探照世間，判別清楚了再打。

民間以農曆六月二十四日為雷公的誕辰日，在台灣每逢誕辰日都有盛大祭典。

地基主和境主公

宅基神

地基主（或說地居主），原為對房屋地基的崇拜，屬於自然神，與土地神一樣，只是範圍限於一家建物的宅基而已，故可稱為「宅基神」。

台灣民間多已將自然神發展成為靈魂神。地基主或為原先住在這塊土地上者，或為原地主，而這些鬼魂也許成為無嗣孤魂，可能前來作祟後住者，因此都予祭祀。民間將地基主視為癘神，與好兄弟視為同類。

●「宅基神」即地基主。

●廟境地神境主公。

一般地基主都無神像，亦無廟宇，但每家都祭祀，台南市北極殿後殿，奉祀地基主神像，極為罕見。

拜土地公後，另排長椅在門口，供五味碗，也就是說普通的菜飯類，並且燒經衣和銀紙，拜地基主。地基主，即先住該宅的孤魂。除農曆十二月十六日要拜地基主之外，每年農曆二月二日和端午節也要祭拜地基主。有些地區則比照拜土地公一般，每月初二、十六都祭拜地基主。

廟境地神

境主公，為廟境的地神，性質和土地公、地基主相似。每一座廟有其一定的轄區，境主公就是管轄這個轄區的主宰。其範圍往往比土地公廣大，範圍大小隨廟的祭祀圈大小而定。有的僅限一村，有的幾個村。因此境主公為區域神。但有人認為境主公僅守護寺廟，而為寺廟的地基主，故與佛寺的伽藍爺相似。

境主公的奉祀以配祀與泉州人有關的寺廟為主。

大樹公

「大樹公」，或稱「樹王公」、「樹仔公」，且尊奉為「萬古聖公」。其他多以樹名為稱，像「榕樹公」、「松樹公」、「烏樹公」、「茄苳公」、「刺桐公」，另外更有稱為「龍樹公」、「樣仔王」等。

台灣民間對神的崇拜，可以分作自然崇拜，人類崇拜和器物崇拜三大類，而自然崇拜又分為無機物的自然崇拜和有機物的自然崇拜，在有機物的自然崇拜中，又分成植物崇拜和動物崇拜，所以「大樹公」的稱呼，便是從植物崇拜中來的，諸如上述把榕樹叫「榕樹公」，把松樹叫「松樹公」，其他還有刺桐和茄苳樹等，凡是樹木較高的大樹，也都一律當作神靈祭祀。

「大樹公」，是台灣地區民間對「植物崇拜」的俗稱，像前面所說的「榕樹公」、「松樹公」、「茄苳公」、「刺桐公」、「烏樹公」或「樟樹公」，祇要是古老的樹木，台灣到處都當作「大樹公」來祭拜，這也就是一般說的「神木」。

傳說，台北市迪化街的「萬古聖公廟」，凡是在大同和延平兩區的居民，每年六月十二日都要舉行「萬古聖公」誕辰祭拜，祈雨都很靈驗。

還有宜蘭「大樹公廟」門聯一幅，也可顯見善男信女心目中對「大樹公」的看法和期許，聯說：

大顯神威光四境
樹崇聖德護十鄉。

●大樹公是民間對植物崇拜的俗稱。

石頭公

「石頭公」又稱「石將軍」、「石佛公」、「石府將軍」、「大伯公」、「大伯爺」或「石聖公」，凡是尊奉石頭為神的，都作以上種種稱呼。它們均為郊野田頭或樹下巨石而已，由於岩石怪異奇特、形色與眾不同。

崇拜「石頭公」，也就是屬於自然崇拜，祭祀人形自然石和畸形自然石；在台灣地區，以往非常普遍，不過在中國很早也常見把人形自然石供奉在土地廟，而當作是「土地公」，所不同的，台灣對「石頭公」的指認比較廣泛。當然，就是人形自然石或畸形自然石，也不是隨便都拜為神的，多半是在偶然的場合裏，碰巧有點什麼徵兆，便神乎其神的傳開來，甚至加以附會穿鑿之說，奉祀為「石頭公」。

台灣各地石頭公，都有其各自不同的傳說，另外有些廣東移民祀拜石母娘娘，但祂並非石頭公的配偶神，乃石頭公的女性化，也是古代自然神的一種。

民間相傳，拜石頭公，可使子女身體健康，可保孩童頭殼堅硬。許多人家將子女給石頭公做契子，拜祂為義父求其保護，用紅繩串一個銅錢帶在身上，可驅魔避邪，每年去祭拜一

●相傳拜石頭公可使子女身體健康。

次，並換新紅繩。長到十幾歲，還需還願祭拜，感謝石頭公保佑長大成人。

石頭公除保護小孩健康，頭骨堅硬，也祈求山地人出草，尚可助賭徒贏錢，助盜賊作案成功。

5／陰界信仰神明

民間相信人死後都要到陰間接受審判，
陰間的神明依據每個人生前的作爲，
善者引渡西方，
惡者墮落地獄，
祂們賞罰分明，司辨人間善惡。

酆都大帝

陰間行政神

傳說中的道教地獄，是在中國四川省酆都縣的巨岩下，由地府陰間的主神—酆都大帝所統轄，而佛教稱祂為幽冥教主，是統治着十殿閻王的總審判官，人死後先要到祂面前受審，依據每個人生前的作為，善者引渡西方，惡者墮落地獄。此外，祂也是亡魂的超渡者，所以又稱為幽冥教主，或地藏王。

台灣民間宗教的「陰界信仰」，深受道教的影響，民間相信，人死後都要接受審判。一般的程序是，先由陰官城隍爺審理，審理終結之後，轉交速報司呈酆都大帝管轄的十殿閻王，閻王就依此報告，命令七爺、八爺、牛爺、以及馬爺等逮捕、審理，依個人生前善惡業果裁決，善有善報，惡有惡報。有善行的亡魂，立刻上西天，進入極樂世界，轉世為佛，或轉世為人，有罪的，接受輕重不同的處罰，最後決定亡魂轉生為禽獸，或其他生物，至於殺人者，不得轉世。走完了十殿閻王，也決定了一生的判決和刑罰，至於後世，那又是另一個輪廻了。

●酆都大帝是地府陰間的主神，統治著十殿閻王的總審判官。

酆都大帝所統轄的幽界，就是地府陰間，是鬼靈亡魂棲息和活動的場所，同時也就是地府眾神賞罰亡魂的地方，民間所謂的十殿閻王和十八層地獄就是幽冥界。

城隍爺

城隍又稱城隍爺、城隍老爺。為官民所共祀的神，也是城區的守護神。民間敬為兼施陰陽兩界，職司福善禍淫的公正之神，而民間如有病患災禍，地方官民又必須向祂請罪。

城隍的名稱最早見於《周易》中「城復於隍」。「城」是指城壁，「隍」是指城池。所以城隍原來是陰陽合一的自然神。

原名水庸神

城隍神，原名「水庸神」，帝堯時列為天子蜡祭八神之一。在《禮記》中有「天子大蠟八，水庸居其七」一語，就是說古代天子所祀的八神：一曰先嗇（神農）、二曰司嗇（后稷、穀神）、三曰農（田神）、四曰郵表畷（田間廬舍）、五曰貓虎（食田鼠有功）、六曰坊（堤防）、七曰水庸（即所謂的城、隍）、八曰昆蟲（螟蝗等）。其中水庸解述為「水則隍也，庸則城也」，就是城隍之神，簡單的說，城指城牆，隍指護城河，也就是保護城市的防禦工事。最初所祭的城隍，就是防禦的建築物。所以，城隍神原為人為的建築物之神，其崇拜自有城的建築而始。

早期「水庸神」為自然神，既無神像又無廟宇，祭祀的方式，只築土壇而已。又祭祀的人，也僅限於天子，一般百姓不得參與。

《禮記中庸》：「郊社之禮，所以事上帝也」。冬至（十二月二十二日或二十三日，晝最短，夜最長那一天）祭天曰郊，夏至（六月二十一日或二十二日，晝最長，夜最短那一天）祭地曰社。由此可知，中國古代就有了祭社的風俗，社神就是土神。比地神的區域小的，就是城池的神，也就是說城隍。自城隍以下就地域的大小，其名稱也各異，即省稱「都城隍」，府稱「府城隍」，縣稱「縣城隍」，縣以下的里神，別稱「土地公」，無城廓的市街、鄉鎮稱「境主尊王」，俗稱「境主公」。總之，等稱雖異，然而職司則一，都是轄管境內的護土之神。

《北齊書》有「城中有神祠一所，俗稱城隍神，公私每有祈禱。」史籍上關於廟祭祀城隍的記載，可推至三國時代，民間已有建廟，奉祀「城隍」了。可算是最早的城隍廟。

到了唐代，中國各地陸續增建廟宇，祭祀城隍也日漸普遍，大家都是為了祈雨、求情、招福、禳災。到了宋代，中國各地都設有城隍廟，而朝廷對城隍也相當尊敬，或賜廟額，或封爵位，而且還遷就附會，將城隍爺予以人格化，各指古代忠良孝悌有德或有學問的人鬼一人以為神的姓名。

陰世的行政官

明代，明太祖朱元璋尤篤信「城隍」，認為城隍是陰世的行政官，和陽世地方行政官相同，既然地方官有轄區，城隍也是一樣，有都城、省城、縣城等分級。明太祖最初還封京師城隍以帝號，封開封、臨濠、東和、平滁等四地城隍以王號，至府則以公號，縣以侯號。各府城隍為「威靈公」，各州城隍為「綏靖侯」，各縣城隍為「顯佑伯」。至洪武三年，再下詔取消封號，京師稱都城隍，府稱府城隍，縣稱縣城隍。城隍廟則建府、縣治所在地，稱為某某府、縣城隍。很多地方的城隍還有姓名，如姑蘇為春申君、杭州為周新、晉江為韓琦，這些城隍大都是和當地有密切的關係。

到了明嘉靖九年，罷止山川壇的從祀，每年以仲秋旗纛日並祭「都城隍之神」每年神誕，各府、州、縣，則由府、州、縣令主持。於是「城隍」漸漸地帶上地方官的色彩，而且在一定的管轄區域內，可以行使職權設座、問案、判事。

地方神

及至清代，對城隍的崇敬，則更是有增無減，通令各省、府、廳建造城隍廟宇，並將祀城隍列入祀典。每月朔、望，地方官員得上城隍廟進香，行三跪九拜之大禮，還有新官上任，要先卜日，親詣城隍廟舉行就任奉告典禮，然後才能辦公視事。可見城隍的地位在地方官之上。

城隍由原來城池濠溝之建築物轉為神，再由城池的保護神轉變為各省、府、州、縣民崇拜之地方神。

清朝承歷代遺制，以城隍為護國佑民之神，凡是地方官署所在地，必定要建立城隍廟才可以。台灣自清代歸入版圖之後，就設有城隍廟。清朝統治台灣，因係海外新附之地，人心浮動，易為不軌，雖有置官設防，一切制度，仍不完備，所以為馴服人心起見，極力崇奉城隍。昔日官吏，往往利用民間的迷信思想，藉神明的力量，以求有助於吏治。是故台灣一入版圖，即於府治設府城隍廟。有清一代，歷治台灣者，莫不信賴城隍之神佑。

職司冥律

城隍爺之職司在於「攘外安內」，除守城護隍外，尚負社、稷的安全，使無傾覆之虞，而且帝王時代之城、隍，常與社、稷同存亡。城隍祭祀普遍以來，又隨時代俗流所影響，漸漸加重職事，諸如：祈雨、招福、禳災，無形中兼管地方冥籍，賞善罰惡，為冥府派駐陽間的地方冥吏。

人有格，官有等，神何尚無品。

早期城隍神（水庸時期）乃是自然神，既無廟又無像，祭祀時屈駕土壇，享天子之祭，雖有體面，但異常清苦，飄蕩無所憑藉，惟自結束水庸時期，進入「居有廟，依有像」，兼攝冥籍後，「城隍」亦神亦官（冥官），上達天堂，下通地府，神威異常顯赫，於是出入陰陽，領轄一方，於廟內設座問案判事，職司冥律，相當於陽世地方官。依明、清地方制度而言，可分為都城隍、省城隍、府城隍、州城隍、縣城隍五級，如依現行制度，即分為首都城隍，省城隍、縣市城隍三級。

城隍爺所管轄之事與陽世的地方官一樣，所以他也有排場和從屬，座前有房吏街役，兩邊有文判、武判，六部司（即延壽司、速報司、糾察司、獎善司、罰惡司、增祿司），還有兩位將軍（即七爺范無救將軍、八爺謝必安將軍）、牛爺、馬爺、三十六關將及七十二地煞等，協助「城隍爺」鋤奸除惡，後堂還有官眷，包括城隍夫人、城隍少爺等等。

一般民眾進入城隍廟，都有一種肅穆的氣息，有的廟內題有「爾來了」的匾額，有的則專設一付大算盤，或一面「善惡分明」銅鏡，暗示每人都有到他那裏的一天，到那時刻，公正威嚴的城隍爺就要依據「善有善報，惡有惡報」的法則，把人們一生的善惡和所作所為，仔細算個清楚。

●城隍是陰陽合一的自然神。

霞海城隍

城隍祭祀自五月十一日開始，各地不一。祭典最大，香火最盛的為台北霞海城隍廟，該廟歷史悠久，於清咸豐九年建立。每當農曆五月十三日的霞海城隍祭典，俗稱「迎城隍」（即迎神巡境），其盛大的狀況，冠絕全台。當祭典時，各地的善男信女，陸續到廟裏進香，往往連外鄉人也都趕來進香。

霞海城隍祭典，據《台北歲時記》所載：「霞海城隍誕辰，俗稱城隍爺生。延平、建成、大同三區舉行盛大祭典，參加祀拜者數十萬人，迎神行列蜿蜒三、四公里，鐵路、公路增開班車或專車，以資疏運，盛況之熱烈，冠絕全台。祭典於十一日午夜開始，紳商各界，奉神遊境。由香客扮飾劍童、印童、文判、武判、牛爺、馬爺、謝將軍、范將軍等開道。停鑼息鼓，默默前進，名曰暗訪。次日，繼續暗訪。十三日，始為神誕正日，各住戶一律懸燈結綵，焚香點燭，祀神宴客。神於九時許巡境，十番鼓樂，繼之以台閣、綵亭、花擔、茶擔、儀衛、掌理印令書吏，最後方為晃晃盪盪高視闊步的六將軍，拱衛城隍爺神輿巡視街頭。相值者皆合掌為禮，匆匆趨避，使人不勝莊嚴威猛之感。」

一般城隍爺信徒，每遇病患災厄，多往城隍爺祈禱，果獲平安，則以為神力護佑，為了感恩，當「迎城隍」時，每人頸上架了紙枷（古刑具），披髮、裸足，作囚犯狀，徒步跟隨神輿，踉蹌往行，俗稱栲枷。這是表示身遭災難，蒙神庇護，自認罪孽深重，懸枷示眾，藉以消除人世災患。據云都是信士弟子虐待身體以表自懺。

威靈公

除了台北霞海城隍廟以外，新竹的城隍廟也遠近聞名。依理，新竹的城隍是縣城隍，但被封為「威靈公」，具有府城隍的神格，據說是立功而受封升格的。

相傳，清朝有一位幼小的皇子和奶媽，正在海邊乘船玩耍。忽然起了一陣風暴，船遂被漂流到了台灣，經過數年之後，皇子已長大，極思返回京師。有一天，他駛船航向北方，可是航行海上不久，船便靠了海岸，原來那個地方是新竹的香山海岸。當晚皇子住在一家小祠內，不知過了多少時辰，皇子一覺醒來，就聽到有鑼鼓聲，接著來了一位文官，說他是新竹的知縣，因為在夢中受到城隍的指示，才來奉迎皇子。之後，知縣便護送皇子晉京，並將城隍夢中指示的事奏知皇上，所以，皇上就封新竹的縣城隍為威靈公，和府城隍同一神格。

公正的司法神

台灣的城隍爺，多很靈赫，各地的城隍廟香火鼎盛。由於民間相信城隍爺是公正的司法神，因此當有糾紛發生時，一旦善惡難分，真假莫辨之時，就要舉行「神判」。民間就在城隍廟裏「賭咒」或「發誓」，最嚴重的是「斬鷄頭」賭咒，表示如果所說非真，甘願像被砍掉頭的那隻鷄一樣。在選舉期間，常有候選人為表明心跡，而在城隍爺面前斬鷄頭賭咒，以贏取選民的信任。

城隍信仰為城牆和護城河等建物的崇拜，繼而人格化成為人鬼崇拜。大凡為人公正、正義，對地方有貢獻的先賢即可能被上天選派為地方城隍。由於城隍的轄區與地方官相同，而官階亦類似，因此城隍成為地方行政神兼司法神，解決陽世間無法解決的糾紛，補償陽世間受委屈者，給予心靈上的安慰，維繫社會和諧。也正因為民間篤信城隍爺是公正無私的司法神，因此，城隍爺也成了人們心中所尊奉的公正的化身，和確保社會安寧的精神基石。

十殿閻羅王

地獄主宰神

「閻羅王」，也稱「閻君爺」，一般簡稱「閻王」。所謂「閻羅」，是佛家梵語，也作閻魔，或作琰魔，就是鬼王的意思，又是地獄中的主宰。

根據各種說法綜合推斷，是先有佛家的十八獄王，才有中國民間的十殿閻羅王，而佛家的閻羅王，是統轄十八獄王的唯一上司，但是中國民間的十殿閻羅王，却分掌十八地獄，至於因果報應之說，都是同一個道理。

民間傳說共有十殿閻羅王，分掌十八地獄，計：

第一殿秦廣王　保護生前有善行的，護衛他們使安然經過十八地獄，而保送他們到西天極樂世界去。

第二殿楚江王　掌割舌地獄，剪刀地獄，吊鐵樹地獄。

第三殿宋帝王　掌孽鏡台地獄，落蒸地獄。

第四殿五官王　掌銅柱地獄，劍山地獄，寒冰地獄。

第五殿閻羅王　掌油鼎地獄。

第六殿卞城王　掌牛坑地獄、石壓地獄、舂臼地獄。
第七殿泰山王　掌浸血池地獄、枉死城地獄，磔地獄。
第八殿平等王　掌火山地獄，落磨地獄。
第九殿都市王　掌刀踞地獄。

第十殿轉輪王　行使最後的判決，使惡人轉生禽獸，或使他們永遠不得投胎，善人便送往西天成佛。
「十殿閻羅王」並沒有專廟，一般附祀在城隍廟裏。

●地獄主宰閻君爺。

陰陽司公

城隍爺有如一個地方的行政司法官，掌管陰陽兩界的鬼魂和人，監督其善惡正邪，執行賞善罰惡。

城隍爺的部下神有文武判官、六部司、牛爺、馬爺、六將爺、范將軍、謝將軍、三十六關將、七十二地煞，宛如公堂一樣，權柄之大，可想而知。

陰陽司公，就是城隍爺的部下，全身二分為黑白兩部分，陰森可怖的樣子，產生除惡安良的震懾作用。

陰陽司公掌管民間善惡功過，兼管陰府鬼魂，因而祂在民間信仰中，是一位獎善懲惡、賞罰分明的神，對心存為非作歹、欺善精私的不良分子，自然發生了嚇阻作用。

祂那一半白一半黑的臉孔、神態萬千，使人不寒而慄，心生畏懼，祂能查出你一生的操守功過，嚴懲惡罰，使人們做一個恪守倫理道德的安良百姓。

陰陽司公大都配祀在城隍廟，也有一部分寺廟，單獨配祀陰陽司公。

文判官、武判官

城隍爺既為幽冥界的地方官，自然設有許多部門及屬僚，以掌司法及警察。一般咸信城隍下設六司：陰陽司、速報司、獎善司、罰惡司、延壽司、增祿司。諸司之外，還有文、武二判官。

「文判官」等於是法院推事、負責調查人民品德善惡和夭壽，並作成判決書。「武判官」就是在文判官判決之後，負責執行犯人應得的罪行。

新竹城隍廟中的文判官，一副溫文儒雅的樣子，似乎還頗為能夠親近。不過，他大筆一揮，許多鬼魂的命運，就從此註定。

至於武判官，則完全和文判官的造型不同。他手執狼牙棒，一副急著要痛懲惡人的模樣。

城隍爺屬下，除了文、武判以外，還有牛爺、馬爺、范將軍、謝將軍、四捕快、枷爺、鎖爺、三十六關將和六司等。

六司就是：延壽司、速報司、糾察司、獎善司、罰惡司、增祿司，通常都把這六司稱為「六官」，或稱「六神爺」，他們的職司和官名相同。

七爺八爺

七爺、八爺是城隍等寺廟不可或缺的要角。凡是城隍出巡賽會，必為行列的最前端。

七爺八爺又叫長爺短爺（高爺矮爺），又叫黑白無常鬼，習慣上又稱為謝、范二將軍，從祀在城隍廟，專押解人犯去神祇前審判。

七爺姓謝，名必安，因為他身高臉黑，所以有長爺及黑無常的稱呼。八爺姓范，名無救，因為他身矮臉白，所以又稱為短爺及白無常。

據說，他們都是中國福建閩縣人，自幼結義，情同手足。有一天，相偕走至南台橋下，天將下雨，七爺要八爺稍待，回家拿傘，豈料七爺走後，雷雨傾盆，河水暴漲，八爺不願失約，竟因身材矮小，被水淹死，不久七爺取傘趕來，八爺已失蹤，七爺慟不欲生，吊死在橋柱。閻王爺嘉勛其信義深重，命他們在城隍爺前捉拿不法之徒。

有人說，謝必安，就是酬謝神明則必安；范無救，就是犯法的人無救。

義民爺

義民爺與有應公同樣地都是無緣鬼魂，不過義民爺是死於平亂的鬼魂。死於平亂的這一類的鬼魂，也稱為「忠勇公」。

褒忠義民

義民爺又稱義民公、忠勇公、將軍、大將軍。台灣所祀的義民，多為死於朱一貴、林爽文、吳福生等事件，以及漳泉民械鬥、閩粵械鬥、漢民山胞械鬥事件。

在台灣各鄉鎮裏，叫做義民廟或義民爺塚的常有所見，所祭祀的人物各有不同，而「義民」一詞含義包括廣泛，然而，眾多義民廟中，香火最鼎盛、建築最宏偉的，首推新竹縣新埔鎮的「枋寮義民廟」。

回溯此正名褒忠義民廟的歷史，有一段客籍人士保國衛鄉的感人事蹟。

明室淪亡以後，中國勤王之士，隨鄭成功入台灣，陳永華糾合志士，組織了天地會。在秘密結社，計謀反清復明的工作。

清康熙六十年，朱一貴起事於岡山，僅七天時光全島即羣起響應，但各地匪徒也趁機成羣結黨，進行劫掠，竹塹（即新竹）地區民眾起而反抗、保鄉衛士，當時許多人為此戰役而殉難，後來地方人士將他們合葬於此，並每年祭拜。

林爽文，中國福建漳州人，來台以後，卜居彰化，從事農耕，擁有巨富。他為著自衛起見，也曾參加了天地會。乾隆五十一年，官方逮捕天地會的黨人，林爽文被逼害，大規模起事，聚眾佔據了彰化縣署。並且以反清復明為號召，進攻各地，於是羣眾踴躍擁護林爽文為盟首，以彰化縣署為政廳，改年號為「天順」，全島響應。他們以彰化為中心，勢如破竹，戰勝官兵，佔據中南部的要城，非官兵所能敵對，良民因之困苦。

此時清廷動員四省的大兵，歷時三年始獲平定。在林爽文發動叛亂期間，台灣各地同志相互呼應，勢聲浩大，驚動了政府官員。十二月，匪徒進犯淡水縣，知縣被逼自殺，乃再趁勢攻克竹塹，賊勢猖獗，官兵不敵，人民陷於水深火熱中。這時，新埔附近各地的廣東人一千三百餘人，由陳紫雲指揮，凜於正義，首舉義旗，組織義民軍，協助清廷剿亂。於是援助巡檢李生椿及知縣孫讓所率大軍轉戰各地，與天地會的軍隊惡戰苦鬥數十回，終於獲勝，林爽文竄入埔里社山中，終於被清官逮捕，光復竹塹。但陳紫雲的部下約有二百餘名戰死。

在此戰役中，義民軍犧牲慘烈，義民屍首多曝於曠野，於是有地方人士林先坤、劉朝珍、陳賢聘、陳賢雲等人均感其忠烈可風，遂於乾隆五十三年，出面收集了二百多名的忠烈遺骸，以牛車載運，牛行至枋寮，硬是不肯繼續再走，這地方就是現在的下寮里，大家便認為此地必為吉穴，是天意要他們自此建塚，便由林先坤等鳩資建立義民塚於枋寮山，將義民軍遺骸卜葬於此。又在塚前建立寺廟，並建一亭，稱為「褒忠亭」，俗稱義民亭。

後來，地方巡撫皐夔因念義民協助平亂有功，以「精忠」題奏清帝，乾隆帝最初對於戰死民軍頒賜「義勇」詔書嘉勉，繼頒賜「懷忠」、「褒忠」御筆匾額。「褒忠」二字是乾隆帝親筆所提，懸掛於枋寮義民廟。

赴義捐軀

至咸豐十一年，彰化匪徒戴春潮又聚眾出擾，新竹附近的義民，再度投入清廷平亂行列中，而殺身成仁者亦不少，新埔富紳陳資雲等，收集屍骸，乃建附塚埋葬於總塚之左。

同治年間，巡撫徐宗幹贈獻「同心救國」之匾額。光緒年間，巡撫劉銘傳亦獻「赴義捐軀」之匾額，以揚忠節。

嘉慶年間，附近之富紳，施田地資金者甚多，於是今議將此祀由輪莊管理，生利置產，現有八十餘甲，每年七月二十日（中元節）十四大莊輪值，遂成為客家地區居民信仰、集會、議事之中心場所。香火之鼎盛，僅次於雲林縣的北港朝天宮。

枋寮義民廟，是台灣北部客家地區信徒最多的廟宇，桃園、新竹、苗栗三縣的客家居民，分為十四大莊輪值祭祀。

每年農曆七月二十日是義民廟大拜祭的日子，十四大莊的數十萬客家鄉民，都前來膜拜，絡繹不絕。祭典時，殺豬宰羊，成堆如山，廟前且舉行豬公比賽，其大者重達一千多台斤，獲頭等者可得一面金牌。祭典時，在附近溪旁則舉行放水燈的舊有儀式，義民廟的中文祭典，現在已成為一項地方活動，中外人士前往參觀者甚多。

義民廟現在除了正中廳供奉義民神位之外，左邊尚祀福德正神，右邊祀觀音佛祖、神農大帝及三山國王。廟內石柱對聯頗多，其中有一對聯曰：「本是負來荷鋤已得嘉名夢一字，即此忠肝義膽方能血食耀千秋」。

義民廟因廟產豐富，太平洋戰後，曾用這些錢創辦義民中學，擴充學校經費，對外招收學生，發揚義民精神，振興教育，是一件很有意義的措施。

近年來，為了招攬廣收觀光客來此，特在廟旁、廟後建造一些涼亭、假山，將整座枋寮山闢成一個具有觀光價值的大花園。

有應公

中國人相信人死後，他的靈魂便活在陰間，俗稱為鬼。有家人奉祀的鬼叫「有緣鬼魂」；無家人奉祀的鬼叫「無緣鬼魂」，又稱「孤魂野鬼」，這些無主的「孤魂野鬼」因為沒有家屬奉祀，變成了「餓鬼」，時常跑到陽間，索取食物或冥鈔，有時甚至危害世人，故又叫「厲鬼」。

大眾爺

台灣民間同情這羣四處遊蕩的孤魂野鬼，便建立小祠廟，收埋骸骨祭祀他們，稱此靈鬼為「有應公」。「有應公」的別稱很多，或叫「大眾爺」、「金斗公」、「義民爺」、「老大公」、「有英公」、「大墓公」、「百姓公」、「萬恩主」、「萬善爺」、「義勇公」、「普渡公」、「千家祠」、「萬善同歸」等。

撿拾來的枯骨，其所收藏的祠廟，大多建立在山地、鄉村、田園、道路旁，最多是在墓地附近，規模很小，像土地公廟，這類祠廟，一般僅立有神牌位，其大部分是奉祀枯骨殘骸，某些骸骨放進骨罈裏，叫做「金斗」，故有應公廟又稱「金斗廟」；再因它供祀著無主之枯骨，故亦稱「千家祠」、「大眾廟」等。

大家相信，既然有應公是鄉民人士善心收埋，那麼有應公理當幫助鄉人，對人民的請求，應該沒有不答應的，所以基其理所當然「有求必應」，有應公才散見鄉間小道，成為台灣最普遍、最特殊的信仰。

萬善同歸

有應公又叫「萬善同歸」，是以凡人皆會死，死後則同歸一路，故名。「萬善同歸」另有一名叫「無嗣陰光」，其實「萬善同歸」是聚埋無主骸骨的所在地，俗稱「萬人堆」，就是指「萬人塚」。

據說「萬善同歸」之稱是始於清朝道光年間，有一年六月初七黃昏，突然天昏地暗，狂風暴雨，山洪直瀉，並有海濤倒灌，滙集在雲林沿海各村落，全部被洪水吞滅，等水勢退後，遍地屍首，約有七千人罹難。

道光皇帝看到地方官吏呈報災情的奏摺，便降旨撥出庫錢賑濟，並對淹死之人勅封「萬善同歸」。台灣各地模仿沿襲，凡是收埋無主骸骨之地，都有「萬善同歸」的石碑、布條或橫匾，但是演變到後來，却將有應公稱做「萬善同歸」，而在有應公祠廟前掛塊「有求必應」的紅布。

民間相信，有應公很靈驗，求什麼就有什麼，只要虔誠祭拜，不但求財、求福、求壽去找有應公，連食衣住行各方面也向有應公祈禱，最奇怪的是賭徒相信若求有應公，便能包贏不輸，且賭徒許願之後，還要在夜裏睡在廟內，等候神諭，此稱「完夢」，即託夢之意。

台灣人多在清代從中國閩、粵二地移民來台，初移民時，水土不合，又時常發生瘟疫，因此死亡相繼，並且當時原住民與漢民混居相處，原住民凶悍，漢人時常遇害。加上當時政令不濟，變亂迭起，兵民死傷無數，屍骨遍地，人們看見枯骨不免發生惻隱之心，同時也會發生恐怖之情，為求平安，就收埋這些枯骨殘骸，建立祠廟。

6／地方性神明

在先民來台之初，
像清水祖師、開台聖王、開漳聖王等等，
都是移民的守護神，
祂們庇護生民、消除災難，
是爲地方性的神明，
對民間的影響力很大。

清水祖師

清水祖師又稱祖師公、蓬萊祖師、烏面祖師、落鼻祖師、清水真人、麻章上人、昭應大師、顯應祖師、輝應祖師、普庵祖師、陳應、陳昭、普足等。由其面色可分為金面祖師、黑面祖師、赤面祖師。據說此乃由於法力及藥種威力的不同影響所致。

清水岩

清水祖師係中國福建永春州小姑鄉人，俗姓陳，名應，或名昭，字善足。生於宋仁宗二十二年正月六日，卒於建中靖國元年五月三日，享年六十五歲，自幼出家，首先在高泰山結庵修行。聞大靜山明松禪師，覺性圓滿，即前往就教。互學成業就，便拜別師父還庵，勤儉克己，鋪橋造路，施醫濟藥。後來再移庵麻章，遇旱時，為眾禱告求雨。適逢元豐六年安溪地方大旱，應該地人士之請，前往禱告乞雨奇靈，該地人士，醵金整地築室，名為清水岩，留他在那裏修行。在這時候，他勸募施捨，鋪橋造路，以利交通。因此，漳州、汀州一帶的人，凡遇災難時，便去求他清災解禍。在他死後，鄉民就建寺，為他刻木像奉祀。

清水祖師被祀為神，民間另有流傳好幾種傳說。

一說，清水祖師係宋朝人，因為家中貧窮，自少出家於南安縣某寺。因被該寺住持虐待，逃出山門，跑去安溪縣清水巖。在巖下發現一個深洞，遠隔黃塵，車馬不喧，就進入該洞裏修行，說也奇怪，該洞穴中，不經耕耘，自會生長稻穀，所生長的米，可供自用。因此，他三餐無虞，誦經禮佛。又僱了工人營造佛堂，用洞裏所產的米抵充工資，他一輩子虔誠禮佛，後來在洞裏圓寂。圓寂後，附近的人，欽佩他的人格，就給他雕塑神像來奉祀。

清水祖師

一說，清水祖師原為一屠夫。有一夜，媽祖化身為一老婦人，在溪邊洗衣，因為年老力衰，洗得異常辛苦，祖師憐憫她的老邁，替她洗衣。說也奇怪，越洗越黑，祖師問她為什麼這樣，媽祖告訴他為屠者太髒，不能成道，祖師聽了此話，深深自愧，回到家裏，拿起屠刀，剖開自己的肚子，洗淨腑臟，再納入肚子裏，以示清白。媽祖看到他能夠痛悔前非，就度他去做神，所以民間尊他為清白公正無私的神。

●傳說每逢災變，清水祖師的鼻子就自行掉落。

黑面祖師

一說，清水祖師自少沒有父母，依賴一個哥哥生活。因為家中貧窮，他的嫂嫂看他非常贅累。有一天，兄嫂因為產前炊煮不便，哥哥又不在，命令祖師上山採柴，替她燒飯。他不敢推辭，一諾而去，不料，他並沒有到山上去拾柴，却把兩隻脚放在灶內，當做柴燒，等煮完後，人也不見了，却從煙囪裏，遁迹而去，變成一道黑煙，昇到空中去做神了。所以供奉他的人，才把神像的面部塗個漆黑。

落鼻祖師

傳說每逢天災地變，祖師鼻子就自行掉落，以示防備，人們以「落鼻祖師」或「落鼻祖」稱呼他。關於這種傳說有三：

一為某年某地，清水祖師繞境，於其過某一家門前，鼻子突然掉落，當夜該戶人家發生火災，大家傳為祖師顯靈。

一為，參拜祖師的人，身體不潔或心裏不虔誠，祖師一生氣，鼻子就掉落。

另一為，祖師被山賊挖掉鼻子，後來經和尚修復，自此以後，每有異故，鼻子自行掉落，但是所掉落的地方，必定在袍袖裏。

安溪一帶的居民，都奉清水祖師為主神，保護地方的安寧。清代安溪人士遷移來台，也各奉祖師的香火來台，代為塑像建廟，作為共同信仰及連絡鄉誼的地方。現在本省有九十餘座清水祖師寺廟。其中，台北市長沙街的祖師廟，規模最大，信者最多。

清水祖師的聖誕，是農曆正月六日，各地寺廟的善男信女，就依例盛大的舉行祭典。

開台聖王

「開台聖王」就是鄭成功，開山尊王、延平郡王、延平王、國姓爺、國姓公、國聖公、國聖爺、鄭國姓、鄭國聖、鄭延平等。

國姓大爺

開台聖王鄭成功，係開拓台灣的延平郡王，延平郡王，一作延平王：「延平」是地名，明清時代，稱為延平府，仍屬中國福建省，「延平郡王」是由明裔桂王所封的，時永曆十三年。延平王仕於南明隆武帝，賜姓為宋，一般也稱呼他為「國姓爺」或「國聖公」。

延平郡王鄭成功，從荷蘭人手中，正式入主台灣，把台灣編入明鄭版圖，分屯諸將，從事開荒，建設台灣樂土，一般的人敬奉他為開台始祖，也稱他為「開台聖王」。

「開台聖王」原姓鄭，名成功，中國福建省泉州府南安縣石井鄉人。他的父親鄭芝龍，母親翁氏原是日本平戶人田川氏。鄭成功初名森，字大木，生於明天啓四年（公元一六二四年）七月十四日，在日本肥前平戶河內浦千里濱誕生。七歲歸國，十五歲補南安縣學廩生，後進南京國子監深造，拜宿儒錢謙益為師。他自少聰慧，研讀四書五經，並學孫吳兵法。
明末政治不修，國內大亂，清兵入關，反客為主，他的父親鄭芝龍奉唐王即位於福州，改元隆武，隆武帝召見延平王，封他為忠孝伯，賜姓為朱，命掌御營侍衛。清兵南下，鄭芝龍降清，成功泣諫不聽，他遂入海島起義，其時才二十四歲。
他焚衣棄儒，到南港招兵，立誓「扶明滅

●開台聖王鄭成功。

清」，以招討大將軍的名銜，號召各地志士，連攻中國舟山、福建，仍奉明永曆年號，抗拒清朝大兵。永曆十三年，長驅直上，深入南京，攻取浙江沿岸。在這時候，明裔桂王封他為「延平郡王」。他即親率大兵，直入長江，一時震動清廷。可是不幸中了清將管效忠之計，慘敗而退。永曆十四年，清遣滿漢大兵還攻金廈潰敗而退。永曆十五年，他自金夏率兵兩萬五千人渡海，驅逐當時治領已達三十七年的荷蘭人，克服台灣。

治理台灣

他把台灣正式編入明鄭版圖，分撥麾下，鎮營將兵，屯聚各地，開墾荒土。他的治台方策就是嚴申法紀，樹立政風；恩威並施，懷結山胞；兵農合一，善設屯田；崇尚教化，大興建設，因此漳、泉、潮、惠州一帶的流民遺老，也都聞風而至，台灣儼然成為海外樂園，奠定今日台灣繁榮的基礎。

鄭成功治理台灣，以赤嵌為東都明京，轄承天一府，天興、萬年二縣，援寓兵於農政策，招徠閩粵民眾，開拓草萊，農閒訓練武事，養精蓄銳，待機收復中原，其仁心毅志，殊堪足式，惟天不假年，病逝於永曆十六年五月八日，時僅三十九歲。

他志存匡復，不慕榮華，和清兵抗拒到底，治理台灣，整軍經武，施行開墾，開發荒地，肇造台灣樂土。這點台灣居民尤不忘其德澤，為之立廟來奉祀、紀念他。

現在台灣二千一百萬居民，安居樂業、生活富裕，成功治理之功不可沒，尊他為「開台聖王」，名實相符。台灣約五十多座鄭成功的廟宇，其中要算台南的延平郡王祠最為壯觀，每逢「開台聖王」的誕辰，都有舉行隆重的祭典。

開漳聖王

中國漳州移民來台之初，為求開拓平安順利，多攜帶其家鄉的「開漳聖王」當做隨時保護之神，及至安定之後，在漳州移民聚居的地方，建立了許多「開漳聖王廟」供奉「開漳聖王」，宜蘭、台北、桃園等地早期多為漳州移民墾殖，是以這些地區「開漳聖王」的香火特別旺盛。

武進士陳元光

「開漳聖王」係奉祀唐代武進士陳元光（又稱陳永華），因此又稱「陳聖王」、「陳聖公」、「威惠聖王」、「聖王公」、「威烈侯」、「廣濟王」、「陳將軍」、「陳府將軍」，俗稱「聖王公」。

據說是唐朝的武官陳元光，因為開拓漳州有功，死後漳州人對陳元光的威武仁德十分崇敬和讚揚，上奏請求敕封為「威惠聖王」，被奉祀為地方守護神。漳州人或陳姓宗廟，祀陳聖公為「陳府將軍」或「陳聖王」。

「開漳聖王」是唐代信宗時的武進士陳元光，又名陳永華，字廷炬，號龍湖。狀貌魁梧，豐姿卓異。唐朝信宗時，王潮在蜀建功歸唐，到昭宗時任福建觀察使，死後，他的弟弟審知代理其職務，至五代時，審知為閩王。當時，陳元光是王審知的部將，駐守在福建的最南方，是時閩地係未開化的地方。

地方守護神

陳元光被朝廷任命為元帥，率兵平定漳州的龍溪、漳浦、南靖、長泰、平和、詔安、海澄等七縣，設漳州府治於龍溪。當地居民都是未受教育的蠻族，陳元光到任之後，便驅逐少數劣民，安撫教育蠻民，將中原文化移植漳州，排除萬難，開闢疆土，以「開漳將軍」兼漳州州事，努力施行仁政，使漳州居民能安居樂業。漳州人感念他的恩澤，奉為鄉土開拓神，建廟祭祀。

另有一說，陳元光跟隨父親陳政戍守福建，任玉鈐衛翊府郎將，人稱「鷹揚將軍」。父陳政死後，陳元光奉命代行父職，統率兵馬，特請朝廷允設漳州，陳元光負責鎮撫屯守，陳元光披荊斬棘，掃蕩悍匪。及至晚年，閩酋叛變，陳元光奉詔興兵討伐，不幸陣歿，頒諡「忠毅」。漳州人民哭哀如喪考妣，建廟於石鼓山下，立像祀拜，當地人稱為「將軍廟」。

順義顯信四將軍

據說和「開漳聖王」同時開創漳州的尚有四大部將，即「輔順將軍」、「輔義將軍」、「輔顯將軍」與「輔信將軍」。

目前台灣以「開漳聖王」為主神的廟宇，約有五十餘座，除了以「開漳聖王」為主神奉祀外，也都配祀「輔順」、「輔義」、「輔顯」與「輔信」四位將軍。一般信徒以農曆二月十五日為「開漳聖王」聖誕日。

廣澤尊王

廣澤尊王的全號為「威鎮忠孚惠威武烈保安廣澤尊王」，一稱保安尊王簡稱除廣澤尊王外，尚有郭聖王、郭府聖王、郭王公、郭姓王、聖王公諸稱。

據傳廣澤尊王，姓郭，名洪福，是唐代汾陽王郭子儀的後裔，清時福建泉州人。在台灣，廣澤尊王的信仰深入民間，其祭典亦極盛，惟關於郭王公殊少神歷可查，僅有下面一些傳說：

不羨帝王，願做神明

一說：廣澤尊王，叫做郭洪福，幼小即失雙親，因家境貧困，受雇於地方富豪陳長者家裏，做牧童，每天都要到荒郊曠野，去飼養羊羣。說也奇怪，他所飼養的羊羣長大了，主人把牠出賣，不論賣多少隻，次日羊羣，都不減少。

這主人雖有巨大財產，但非常吝嗇，而且貪得無厭，想改葬祖先的風水，大發其財，陳長者為卜風水吉地，曾聘請一位地理師住在家裏，給他找尋吉地。但是待地理師非常簡便，所以地理師雖明知吉地係在羊舍的地方，却不願意告訴長者，反而因陳家的牧童對待他很好，想要把這風水吉地授與他。

於是有一天，風水師問郭洪福：「你願意做皇帝嗎？還是做一個神明？」

●據傳廣澤尊王為唐代汾陽王郭子儀的後裔。

郭洪福答：「皇帝只可以享受一代的富貴，神明可以享受人間萬世的香火，當然是做神明好的。」

地理師便囑咐牧童，帶他雙親的遺骨葬在那座羊舍內。並且告訴他說：「你的父母既葬於此塊龍脈吉地，將來你將成為神。」

郭洪福驚疑地問：「把遺骨放在地下，一任牲畜踐踏，久而久之，不是一點也不留下來嗎？」

地理師冷笑說：「這，你可免介意。」

地理師的話才說完，突然變成一座坟墓，郭洪福正感覺奇怪，地理師又警告他說：「不久在這個地方就會出現許多毒蜂，毒刺人家。你應該趕快逃離躲避。只管隨心所向，往前直跑，跑到有人戴著銅笠，有牛騎著人，有魚爬上樹的地方去躲避。」

說完，果然有一羣毒蜂擁至，刺殺了那位狠心的長者。這時牧童一路逃跑，途中遇到一陣大雨，而看見有一位僧侶以銅鏡為笠遮雨，又看見一個村童隱身在水牛腹下避雨，及一位漁夫手執剛上了魚的釣竿，攀在樹上避雨。這些景象正符合先前地理師所說。

郭洪福知道這個地方便是他的歸宿，就坐在那邊的一塊磐石上，不久果然，便昇天化神了。

保安尊王

那座山叫做飛鳳山，附近的住民，看著郭洪福的奇行，大為感動，互相鳩資，給他建立一個小祠，就是最早的鳳山寺。後來，常常發現靈蹟，對於保國安民，大有貢獻，歷代皇帝，封他為保安尊王，小祠經過數次的改建，也變成一座大廟宇，而成為泉州人的信仰中心。

一說：廣澤尊王姓郭名乾，清代泉州人，秉性忠孝，時感國家危難。有一天，外出後就一去不返。後來，發現他坐在松樹上，叫他也不答應，與死者差不多，經過數個月，仍保持正常的體溫，百姓們都信他為神，其間，有人向他膜拜，居然如願以償，於是大家集資建了一座小廟，把他的遺體奉祀在廟裏。不久，地方上發生乾旱，大家到廟裏祈雨，非常靈驗，朝廷便封他為廣澤尊王。

並且，也有傳說：雍正帝為太子時，患了天花，病勢危篤，夜裏有人送降痘丹藥，雍正服後問他姓名，送藥的人自稱「泉州郭乾」，說畢就不見其人，第二天，雍正果然病勢好轉，病癒以後，派人到泉州查訪，始知郭乾就是廣澤尊王，致又加封保安廣澤尊王。

現在台灣有五十座廟宇，奉祀廣澤尊王，廣澤尊王的祖廟，是中國福建泉州府南安縣的鳳山寺，昔時泉州籍民奉其分靈或香火，來台奉祀，所以現在禮拜廣澤尊王的，也是泉州出身的人居多。

靈安尊王

靈安尊王亦稱青山王。靈安尊王為地方神，原為中國福建南安、惠安、晉江三縣人所信奉，惟現在人們未能詳知其來源，非泉州人也拜祀。

靈安尊王，姓張名滾，是三國時代（公元二二〇年—二六五年）東吳孫權的副將。孫權派他駐守福建的泉州惠安地方。為人正直廉潔，忠勇而有智謀，任內施仁政功績卓著，深得軍民愛戴，死後安葬在惠安縣衙東室內。後來，每有縣官更迭，到任縣官必詣壇致祭，祈求「民安物阜」。

青山王

到了宋代宗登基（公元九七六年），新任一個進士，姓崔名知節，為惠安縣令。就任後循民眾的請求，入鄉隨俗，往祭其墳墓，以安民心。那知道，正在上香膜拜中，墓碑突然向前傾倒，看到墓碑背面勒著一首五絕：「太平興國間，古縣本惠安，今逢崔知節，送我上青山。」字跡古色斑斕，決非新刻。因此，崔縣令查詢縣境內確實有青山這個地方，就和眾士紳相商，把坟墓遷建在青山山麓，並且建立祠廟奉祀，歲時供祭。這座小祠廟，就是泉州青山宮的濫觴了。因此靈安尊王也稱青山王。傳說因對驅疫靈驗，深為民間信仰。

驅疫之神

一說，青山王為泉州府惠安縣之城隍爺。或說其神格類似城隍爺，管轄無區域的限制，隨時巡狩各地，監察民生。又說，他生前施行仁政，歿後稱武德帝，民間祀為驅疫之神。

到了金兵入寇，宋朝南遷，宋高宗令虞允文防守采石磯，金兵來攻，眾寡懸殊，守軍節節敗退。忽然天昏地暗，一支兵馬高舉張滾的旗號，率部截殺，金兵大敗，宋軍反敗為勝。

虞允文查問援兵何來？麾下將兵，都不知道，只說援兵打著張滾旗號，如從天降，人馬勇壯，行步如飛，爭前追殺金兵，不知何去。有一小兵稟說：他是福建泉州惠安人，他的故鄉有一座青山祠，所祀的就是張滾。

虞允文覺得其像和諸兵所說頗相吻合，經過許久，又沒見義軍前來報功，更加深信是在國家存亡危急之時，該神顯靈，前來協助擊敗金兵，保衛大宋社稷，就修表奏稟高宗。高宗大喜，即刻頒詔，封張滾為「靈安尊王」，並令惠安縣撥款擴建廟宇，四時供祭。而賜廟額，尊稱該廟為「青山宮」。

嗣後，神靈煊赫，縣民有所祈禱，無不應驗，因此，縣民信奉尤篤。

現在，台灣奉祀此神，只有五處，其中，台北市貴陽街的青山宮的香火最盛。每年農曆十月二十二日，都舉行大規模的出巡。

三山國王

山嶽神格化

山的崇拜自中國古代就已開始，《書經堯舜》：「禋於六宗」。所謂六宗就是日、月、星、河、海、岱。岱就是指泰山。古代帝王常來泰山封禪，也就是說祭天和祭地，後來視泰山為神，東嶽大帝是五嶽帝之一的泰山。

在中國廣東潮州有明山、巾山、獨山等三座山，附近的住民把它叫做三山國王，並且建廟祭祀。像這種把山嶽神格化，也是中國古代自然崇拜的遺風。每年到了這一天，台灣粵東移民的子孫，都要到各地的三山國王廟去進香。

三山國王是指明山、巾山、獨山的三位山神，這三座山位於廣東省潮州府揭陽縣阿婆墟，即今日的廣東省饒平縣境內。潮州多客家人，視「三山國王」為他們的守護神，當他們移民來台灣時，便隨身携帶「三山國王」的神像以保佑平安，並建寺廟供奉，所以台灣至今客家人聚集的地區，仍有「三山國王」的神廟。

山神的傳聞

至於三位山神被奉為「三山國王」的由來有幾個傳聞：

相傳宋朝文天祥等立宋端宗於福州，元軍緊逼，張世傑奉帝逃到潮州，為河所阻，追兵將至，忽然看見對岸三山有軍旅來援助，皇帝始得逃脫，以為三山之神所佑，於是封為三山國王。

又傳宋太祖趙匡胤開國時，劉張拒命，興起為亂，太祖命王師南征，潮州太守王侍監赴三山求神，果然雷電交加，風雨暴起，劉張兵被吹襲而敗北，終於降服。到了宋太宗時，潮州有匪賊作亂，皇帝雖御駕親征，仍無法征服。忽然在潮州城市有金甲神人揮戈掃匪，王師大捷。凱旋日，看見有旌旗出現城頭上的霞雲中，寫著「潮州三山神」五個大字，宋太宗才領悟金甲神人是三位山神，特地趕來相助王師，便頒詔封巾山為「清化威德報國王」，明山為「助政明肅寧國王」，獨山為「惠威宏應豐國王」，年歲時由官府奉祀。從此潮州居民都深信三山國王的靈驗。

關於三山國王的來歷，眾說紛紜，已難考據

●三山國王是指明山、中山、獨山的三位山神。

其正確性，其中有一傳說，唐代潮州匪賊為患，山神幫助官軍剿匪，皇帝敕封為「三山國王」。又傳說宋朝末年陳有連叛亂，宋昺帝出兵討伐，連戰九十九陣，每一陣皆大敗，最後一陣近乎全軍覆沒，麾下兵將大都敗亡。昺帝見大勢已去，仍騎馬落荒逃難，匪兵一路追趕到潮州。皇帝下馬求上天保佑，說也奇怪，突見對岸三個山上，祥雲飛揚，有無數軍旗和人馬奔來，殺退叛賊，終於救昺帝脫險。

班師還都後，派人調查究竟，始終查不出結果，但見那三座山雄峙依然，附近人跡罕至，從未有兵馬駐紮。至此始知是山神相助，派遣神將神兵救駕。昺帝遂下令敕封這三座山為「三山國王」，所有潮州人都信奉此神。

客家守護神

從古代開始，客家同胞即常遷徙不定，是中國的「吉普賽人」，養成性格上堅強團結，勤勞節儉，重視實際，因此思想上較為保守，抑制了豐富的想像力，所以在信仰領域內，除了「三山國王」外，其他的神明甚少，與奉祀多神的漳、泉居民大有不同。所以三山國王算是客家同胞普遍信奉的神祇了。

三山國王的建廟奉祀，是客家人民對自己鄉土的守護神，一種最高尊崇的表現。把潮州揭揚縣的獨山、明山、巾山三座名山加以神格化，也是源自古代拜山嶽的遺風。

三山國王廟裏祭的三位神像，根據傳說而予山神具體人像化，中間的一位山神是白臉，左邊的山神是黑臉，右邊的山神是紅臉。三位山神並列一排。其中除了黑臉的這位山神，眼眶深陷，濃眉突眼，頗具武神將之外，紅臉和白臉山神都眉清目秀，文質彬彬，像個文官。神廟裏，還另置左右兩神像，一為「舍下老人」，一為「護法老爺」，一管武職，一管文事。

每年農曆二月廿五日，是三山國王的誕辰，客家村落都以五牲、鮮花、水果祭拜、獻演野台戲，舉行盛大祭典膜拜，虔敬之心，足可告慰三山國王。

參考書籍

1.《台灣地區神明由來》 台灣省文獻委員會
2.《台灣廟神傳》 仇德哉　著作發行
3.《台灣神仙傳》 子午線出版社 太華居士　執筆
4.《神話・話神》 台灣新生報 吳昭明　著
5.《台灣民俗大觀》 同威圖書有限公司 梁亟文　發行
6.《台灣神話》 鳴宇出版社 佚名著
7.《超凡世界》 中國文史出版社 馬書田著
8.《七十二行祖師爺的傳說》 漢欣文化事業有限公司 任騁　搜集整理

《台灣民俗田野手冊》（兩卷）是台灣第一本教我們如何從事採訪報導、田野工作的重要參考書，內容完全來自實際經驗，以各種方法做基礎，更列舉出許多可能遇到的問題和解答，再加上實用的參考資料，不僅對台灣有興趣的朋友應該一讀，有心採訪工作和新聞科系的學生，更是不可或缺的「隨身老師」!!

怎樣「看」《台灣民俗田野手冊》

本書分〈行動導引卷〉及〈現場參與卷〉，前者介紹採訪前的準備，採訪中的要領及採訪後的整理與發表，後者詳盡介紹一年四季台灣地區的民俗活動與特色，讀完這兩卷，必然對田野工作有完整的認識，對台灣民俗的掌握，更勝人一籌！

怎麼「用」《台灣民俗田野手冊》

本書的特色是「實況報導，按書索驥」，書中的每一問題、方法、要領、活動……都實際採訪或研究而來，讀者可按照書中準備、出門、採訪，遇到問題也可以向書求答案，此外，更可以依照季節、地點、性質……去觀看燒王船、迎媽祖或者藝陣大賽，也可依書中列的名冊，一一去採訪野台戲班、民藝大師……，可謂是實用性最強，又最通俗易懂的最佳工具書！

爲何「買」《台灣民俗田野手冊》

除了上述方便實用，貨眞料實的優點外，本書更替讀者設想週到，每個主題後，留下兩頁筆記頁，供讀者記下自己的工作心得與方法，即使不想筆記，精美的設計及民俗圖案（金銀紙版畫及民間彩繪、雕刻等），也足令人們愛不釋手，這樣的好書，您怎能不買？

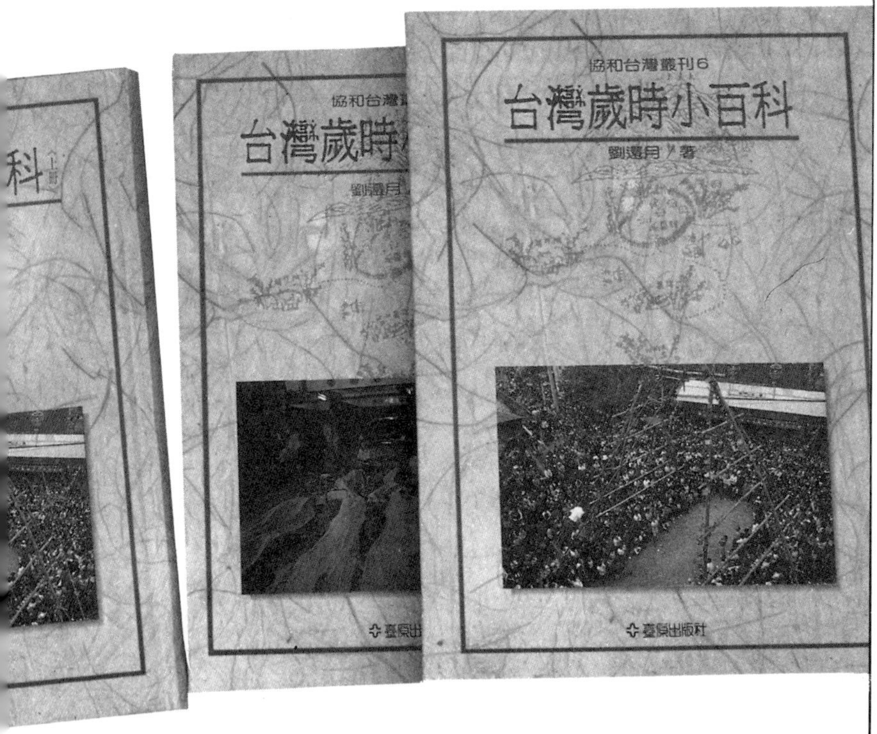
協和台灣叢刊6
台灣歲時小百科
劉還月 著
臺原出版社

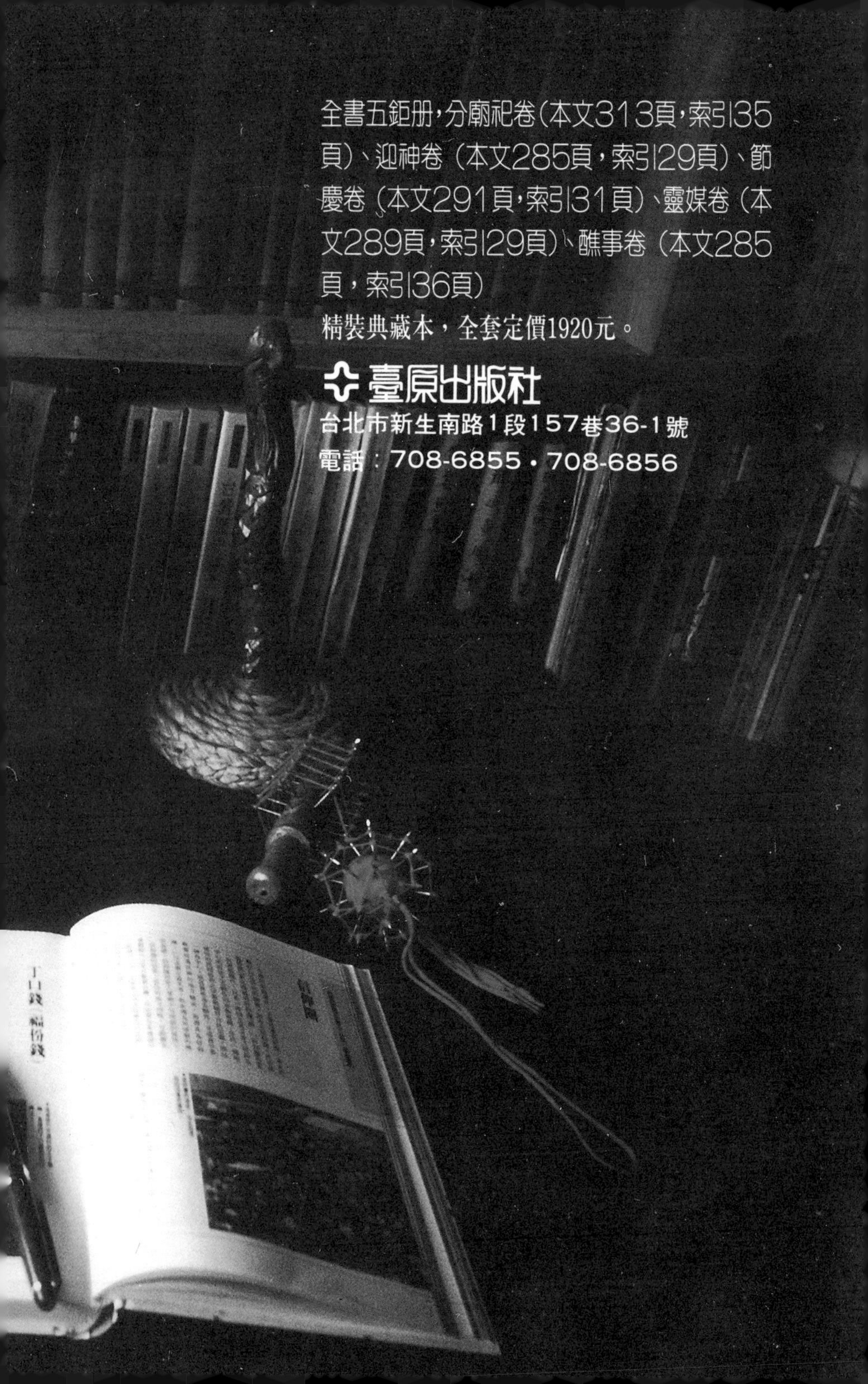

全書五鉅冊，分廟祀卷（本文313頁，索引35頁）、迎神卷（本文285頁，索引29頁）、節慶卷（本文291頁，索引31頁）、靈媒卷（本文289頁，索引29頁）、醮事卷（本文285頁，索引36頁）

精裝典藏本，全套定價1920元。

臺原出版社
台北市新生南路1段157巷36-1號
電話：708-6855・708-6856

台灣常民文化
百科全書
—《台灣民間信仰小百科》
《台灣民間信仰小百科》爲台灣常民文化做最好的註脚，共收錄1305張具比對功能圖片，用深入淺出的方法介紹台灣民間最底層的信仰文化，是走進台灣、了解常民信仰，值得家家珍藏的百科全書。

國立中央圖書館出版品預行編目資料

台灣的鄉土神明／姜義鎮著；-- 第一版.
--台北市：臺原出版：吳氏總經銷，民84
面； 公分.--(協和台灣叢刊；51)
ISBN 957-9261-72-2 (平裝)

1.民間信仰—台灣

272　　84002402

●協和台灣叢刊51●

台灣的鄉土神明

著　者／姜義鎮
責任編輯／謝慧音
校　對／姜義鎮、謝靜芬、林華忠
發 行 人／林經甫（勃仲）
社　長／劉還月
編 輯 部
總 編 輯／何華仁
執行編輯／陳柔森
編　輯／蔡逸仁、陳淑端、蔡培慧、謝慧音
行政部
主　任／施雲青
行政助理／李貞宜
出版發行／臺原出版社、臺原藝術文化基金會
發 行 所／台北市仁愛路二段34號4樓之2
編 輯 部／台北市新生南路一段157巷36之1號
電　話／（02）7086855～6
郵政劃撥／1264701～8
出版登記／局版台業字第四三五六號
法律顧問／許森貴律師
地　址／台北市長安西路246號4樓
印　刷／松霖彩色印刷股份有限公司
電　話／（02）2405000
總 經 銷／吳氏圖書公司
地　址／台北市和平西路一段150號3樓之1
電　話／（02）3034150
定　價／新台幣二六〇元
第一版第一刷／一九九五年（民八十四）四月

ISBN 957-9261-72-2